ro
ro
ro

Die Verteidigungsfähigkeit wird zur «Kriegstüchtigkeit» umerklärt, die Bundeswehr mit 100 Milliarden Euro aufgerüstet, die Wiedereinführung der Wehrpflicht diskutiert: Die Zeichen stehen auf Mobilmachung, auch mental. Die Nation wird dabei zur großen Solidargemeinschaft verklärt, der ein jeder glücklich zu dienen hat. Und das nach Jahrzehnten der Entsolidarisierung, in denen die Verarmung breiter Bevölkerungsschichten von neoliberalen Politikern für alternativlos erklärt wurde.

Ole Nymoen erhebt Einspruch: Die Behauptung, das Sicherheitsinteresse eines Staates falle notwendig mit dem seiner Untertanen zusammen, erscheint geradezu absurd. Immerhin sind es junge Männer wie er, die im Kriegsfall gezwungen sind, im Land zu bleiben und ihr Leben zu riskieren, ob sie wollen oder nicht. Ganz zu schweigen davon, dass der «Dienst an der Waffe» auch beinhaltet, mit dieser Waffe andere zu töten. Und wer bestimmt eigentlich über den «Waffengang»? Ist es wirklich der *demos*, das Volk?

Nicht kämpfen zu wollen für einen Staat, das ist vor diesem Hintergrund mehr als nur eine individuelle Verweigerung – nämlich ein Akt der Humanität und des Protests für mehr kollektive Selbstbestimmung.

Ole Nymoen

Warum ich niemals für mein Land kämpfen würde

Gegen die Kriegstüchtigkeit

Rowohlt Taschenbuch Verlag

Originalausgabe
Veröffentlicht im Rowohlt Taschenbuch Verlag,
Kirchenallee 19, 20099 Hamburg, April 2025

Covergestaltung zero-media.net, München
Coverabbildung FinePic®, München
Satz aus der Dover bei Dörlemann Satz, Lemförde
Druck und Bindung CPI books GmbH, Leck
ISBN 978-3-499-01755-1

Kontaktadresse nach EU-Produktsicherheitsverordnung:
produktsicherheit@rowohlt.de

MIX
Papier | Fördert
gute Waldnutzung
FSC® C083411

Inhalt

Lass die weißen Tauben fliegen,
wir träumen von Frieden.
Doch erst müssen wir gewinnen.

K. I. Z, «Frieden»

Einleitung

hier ruhen 2 unbekannte deutsche krieger
1 unbekannter russ. krieger
† 1914

Es ist ein schöner Sommertag im Juli 2024, ich befinde mich in einem polnischen Dorf namens Wierzbowo. Hier haben meine Vorfahren gelebt, als diese Region noch Ostpreußen hieß, und hierhin wurde meine in Berlin geborene Großmutter während des Zweiten Weltkriegs evakuiert, als sie noch ein Kind war. Sie, die ich Farmor nenne,* führt mich und einige Verwandte durch die masurische Ortschaft, in der sie vor achtzig Jahren einige Monate lang gewohnt hat – kurz bevor das nationalsozialistische Regime den Krieg verlor und diese Region Teil der Volksrepublik Polen wurde.

Hier liegen sie nun: Auf einem Grabstein sind zwei unbekannte deutsche und ein unbekannter russischer Krieger vermerkt. Auf einem zweiten Grabmal sind

* Norwegisch für Großmutter väterlicherseits – meine deutsche Großmutter hat als Erwachsene einen Norweger geheiratet, der seine Kindheit ausgerechnet unter deutscher Besatzung verbracht hat.

vier namentlich bekannte Deutsche aufgeführt, und unter einem dritten ruhen elf unbekannte Russen. Der Tod hat sie gleichgemacht: Sie alle wurden gemeinsam begraben, nachdem sie zuvor gegeneinander kämpfen mussten.

Diese achtzehn Männer hatten sich wahrscheinlich nie gesehen, bevor sie zu Beginn des Ersten Weltkriegs aufeinandergeprallt sind. Und sicherlich wären sie nie im Leben von sich aus auf die Idee gekommen, aufeinander mit Gewehren loszugehen. Aber diese Wahl hatten sie nicht: Sie mussten für ihren Kaiser respektive Zaren morden – und wurden dann selbst getötet.

All das geht mir durch den Kopf, während ich an ihren Gräbern stehe – einen Tag nachdem ich einen Artikel gegen den Krieg in der Wochenzeitung *Die Zeit* veröffentlicht habe. In diesem Text habe ich dargelegt, warum ich garantiert *nicht* für «mein» Land kämpfen würde, wenn es sich in einem Krieg befände, und die Reaktionen waren: Hohn, Spott – und viel Verachtung. Hunderte Kommentare und Dutzende Leserbriefe habe ich erhalten, in denen mir vorgehalten wurde, was für ein vaterlandsloser Geselle und Egoist ich sei.

«Ich dachte immer, jeder Mensch sei gegen den Krieg, bis ich herausfand, dass es welche gibt, die dafür sind, besonders die, die nicht hineingehen müssen.» Das sagte Erich Maria Remarque einmal in einem Fernsehinterview, und ich glaube mittlerweile, dass er recht hat: Zumindest macht man sich als junger Mensch in der Bundesrepublik wenig Freunde damit, wenn man sich öffentlich gegen den Trend zur «Wehrhaftigkeit» positioniert, und wird dafür von Menschen verachtet, die garantiert an keine Front mehr berufen werden, weil sie dafür zu alt sind.

Denn Deutschland rüstet auf – an allen Fronten. Sondervermögen, NATO-Zwei-Prozent-Ziel, atomare Teilhabe und die Wiedereinführung der Wehrpflicht: Solche Stichworte bestimmen seit nunmehr drei Jahren den politischen Diskurs. In Talkshows und Plenardebatten, auf TikTok und in der Schule werden Jung und Alt gleichermaßen «informiert»: Deutschland muss kriegstüchtig werden – so die Losung des letzten Verteidigungsministers Boris Pistorius.

«Kriegstüchtig» – bei dieser Vokabel kann es einem klar denkenden Menschen eigentlich nur kalt den Rücken runterlaufen. Zwar kennen die meisten Deutschen den Krieg nicht mehr aus erster Hand, aber zumindest aus Erzählungen der älteren Generationen wissen sie sehr genau, was damit einhergeht. Nämlich nicht Heldentum und Abenteuer, sondern Zerstörung, Hunger, Entbehrungen – sowie die größte denkbare Entwertung des menschlichen Lebens.

Öffentlichen Widerspruch zur politisch beschlossenen Militarisierung der Gesellschaft gibt es dennoch kaum: Hochrangige Kolumnisten bezeichnen Kriegsgegner als «Lumpen-Pazifisten»,[1] gealterte Punks bekennen, dass sie heute dienen würden,[2] und in Talkshows kann sich ein jeder auf verbale Stahlgewitter einstellen, der nicht der fortwährenden Eskalation globaler Konflikte das Wort redet.

Selbst im Alltag junger Leute wird die Werbung der Armee zur Selbstverständlichkeit: Liberale Politiker, die ansonsten gern behaupten, Kinder vor «Staatsgläubigkeit» und «Indoktrination» schützen zu wollen, fordern mehr Präsenz von Soldaten in Schulen. Die Bundeswehr wirbt mit Influencern, die normalerweise Kochrezepte teilen oder Schminktipps geben, auf TikTok und YouTube um neue Rekruten.* Und selbst im Kino kann man der Armee nicht mehr entkommen: «Übernimm die Regie!» lässt die sogenannte Parlamentsarmee auf Popcorneimer drucken – und wirbt damit für die Offiziersausbildung.

Aber all das hat bekanntlich seinen «guten» Grund: Die Zeitenwende, die Olaf Scholz im Februar 2022 ausgerufen hat, erfordert mehr als nur Waffen. All die Panzer, Haubitzen und Maschinengewehre, von denen spätestens seit Beginn der Waffenlieferungen in die Ukraine ständig die Rede ist, reichen nicht aus, um eine Gesellschaft «kriegstüchtig» zu machen. Mindestens ebenso wichtig ist die geistige Mobilmachung der Bevölkerung – denn irgendwer muss die Waffen im Ernstfall ja auch bedienen.

* Vgl. hierzu die Webserie «Explorers – Roadtrip durch die Bundeswehr», die 2024 auf TikTok und YouTube erschienen ist. Hier fahren Influencer mit sechs- bis siebenstelligen Follower-Zahlen in Kampffahrzeugen und U-Booten durch die Gegend und führen sogenannte Challenges durch, um unter Beweis zu stellen, wie erquicklich der Arbeitsalltag in der heimischen Armee ist.

An dieser Bereitschaft scheint es bislang zu mangeln: Zwar spricht sich eine knappe Mehrheit der Deutschen (Stand März 2024) in Umfragen für die Wiedereinführung der Wehrpflicht aus. Das liegt jedoch vor allem daran, dass die meisten Älteren (die von einer solchen Maßnahme gar nicht betroffen wären) dafür votieren. Unter den Jüngeren ist es genau umgekehrt: 59 Prozent der Achtzehn- bis Neunundzwanzigjährigen sind *gegen* eine neue Wehrpflicht.[3]

Dieser Trend wird noch deutlicher, wenn die Frage lautet, wer die Bundesrepublik mit der Waffe in der Hand verteidigen würde: Laut einer Forsa-Umfrage waren nur 19 Prozent «auf jeden Fall» zur Vaterlandsverteidigung bereit, laut YouGov sogar nur 5 Prozent.[4]

Die Allermeisten sind für den Krieg also nur in einem sehr abstrakten Sinne zu gewinnen: Grundsätzlich ist man dafür, kämpfen sollen aber bitte die anderen.

Daher ist es Politikern und Meinungsmachern ein besonderes Anliegen, den Bürgern die deutsche Wieder-Machtwerdung schmackhaft zu machen – selbst wenn deren Lebensstandard darunter leidet.

Im Deutschland der Zeitenwende ist es beispielsweise völlig normal, dass ein ehemaliger Bundespräsident die mahnenden Worte ans Volk richtet, man müsse auch einmal «frieren für die Freiheit» – was sich bei einem Ehrensold von einer knappen Viertelmillion Euro sowie jährlichen Personalkosten von fast 400 000 Euro leicht sagt.

Ebenso wenig kommt Entrüstung auf, wenn hochrangige Politiker für die Aufrüstung die Abschaffung eines Feiertags fordern.* Dass die letzte nennenswerte Arbeitszeitverkürzung in der Bundesrepublik über ein halbes Jahrhundert her ist; dass deutsche Beschäftigte allein im Jahr 2023 knapp 775 Millionen unbezahlte Überstunden leisten durften – all das schert keinen großen Geist. Es muss weiter rangeklotzt werden, um Wirtschaft und Schlagkraft der Nation auf Vordermann zu bringen!

Keineswegs nur die langjährigen Erwerbstätigen, sondern auch die jungen Leute werden dabei in die Pflicht genommen: Die Generation Z, die schon lange im Verdacht steht, eigentlich nur aus arbeitsscheuen Drückebergern zu bestehen, wird vom Bundespräsidenten zum Dienst am Vaterland gebeten. Ausgerechnet Frank-Walter Steinmeier, einst Strippenzieher der Agenda 2010, hat nämlich in den vergangenen Jahren sein Herz für den gesellschaftlichen Zusammenhalt entdeckt und fordert eine einjährige Dienstpflicht «für die Demokratie und für eine lebenswerte Zukunft».[5]

Auf gut Deutsch: Die jungen Leute sollen ein Jahr lang als Niedriglöhner in sozialen Einrichtungen, in Krankenhäusern oder Vereinen dienen – um ebenjene gesellschaftlichen Missstände zu lindern, für die sich

* Die simple Idee: Dem dänischen Vorbild folgend, soll der zusätzliche Arbeitstag neue Steuereinnahmen bringen, die dann der Aufrüstung zugutekommen. Der sächsische Arbeitgeberpräsident beruhigt potenzielle Kritiker: Ein Tag mehr Arbeit im Jahr, das sei doch «kein Problem». Na, dann!

die Regierenden außerhalb der Weihnachtszeit oder der Ein-Herz-für-Kinder-Gala ganz sicher *nicht* zuständig fühlen. An diesen präsidialen Vorschlag einer *Dienst*pflicht knüpft der Ex-Verteidigungsminister im Juni 2024 dann nahtlos an: und zwar mit der Androhung einer neuen *Wehr*pflicht.*

Kurzum: Die Unterordnung unter Staat und Kapital wird so vehement gefordert wie lange nicht mehr.

Bei so viel Aufforderung zum gesellschaftlichen Engagement durch hochrangige Politiker kann (und sollte) man gleichwohl skeptisch werden. Immerhin waren es ebenjene Herrschenden, die jahrzehntelang eine Politik der sozialen Spaltung propagiert und umgesetzt haben: Der zitierte Frank-Walter Steinmeier etwa war maßgeblich an der Ausgestaltung der Hartz-IV-Gesetze beteiligt und damit mitverantwortlich für die beispiellose Aushöhlung des bundesdeutschen Sozialstaats sowie für die Schaffung eines «der besten Niedriglohnsektoren [...], den es in Europa gibt» (Gerhard Schröder).[6] Diese Schröpfung der Ärmsten ging einher mit einer Bevorteilung der Reichen: Diese profitierten hierzulande seit den 1990er-Jahren unter anderem von einer Senkung der Einkommen- sowie

* Aufgrund realpolitischer und administrativer Schwierigkeiten hatte Pistorius nur geplant, dass junge Männer einen Fragebogen ausfüllen müssen, in dem ihre Wehrtauglichkeit und -bereitschaft abgefragt wird. Dieser Plan wurde zusammen mit der Ampel-Koalition vorerst beerdigt – wir dürfen gespannt sein, wie das Ganze weitergeht.

der Abschaffung der Vermögensteuer. Auch die Unternehmensbesteuerung wurde in den vergangenen Jahrzehnten halbiert, was führende Politiker nicht davon abhält, nach weiteren Steuersenkungen zur Verbesserung der deutschen Wettbewerbsfähigkeit zu rufen. Für normale Erwerbstätige gab es dagegen keine Wohltaten des Staates, eher im Gegenteil: Sie mussten eine Erhöhung der Mehrwertsteuer und anderer Konsumsteuern hinnehmen. Und das sind nur einige Beispiele *steuer*politischer Maßnahmen, die für eine Vergrößerung der Ungleichheit sorgten.[7]

Von gesellschaftlicher Solidarität war in all diesen Jahren keine Rede: Jeder sollte seines eigenen Glückes Schmied sein (Stichwort Eigenverantwortung), die Erwartungen an den Sozialstaat sollten gefälligst heruntergeschraubt werden (Stichwort Subsidiarität) – und wer dabei auf der Strecke blieb, durfte sich im Niedriglohnsektor für ein paar Euro die Stunde abrackern.*

Dass die Armen dabei darbten, während die Reichen immer reicher wurden; dass ein DAX-Rekord den nächsten jagte, während die Zahl der Tafel-Besucher

* Daran hat auch die Einführung des Mindestlohns wenig geändert – denn dieser ist selbst bei einer Vollzeittätigkeit nicht ausreichend, um später eine armutsfeste Rente zu erhalten. Im Jahr 2018 erklärte die Bundesregierung, dass hierfür ein Mindestlohn von 12,63 Euro notwendig wäre – eine Schwelle, die erst sieben Jahre später (zum Jahresbeginn 2025) überschritten wurde, wohlgemerkt nach jahrelang hoher Inflation. (Vgl. Linksfraktion: «Schriftliche Frage im April 2018. Arbeitsnummer 377», online verfügbar unter: https://www.linksfraktion.de/fileadmin/user_upload/PDF_Dokumente/Ferschl_Susanne_2018-04-377_-_Antwort.pdf.)

durch die Decke ging: All das wurde jahrelang als alternativlos dargestellt und mit allerlei Demagogie gegen Erwerbsarme unterfüttert.[8] Und wenn die Befunde über die Ungleichheit in Deutschland dann doch zu hässlich wurden, entschied sich die Regierung kurzerhand, sie zu zensieren.[9]

Nun heißt es aber: Schwamm drüber! Dieselben Politiker, die ansonsten ununterbrochen gegen Arbeitslose hetzen und Menschen in die Armut treiben – man könnte auch sagen: die Politiker, die die soziale Spaltung vorantreiben –, rufen zur Geschlossenheit auf. Die Zeitenwende ist da, das Vaterland ruft, und die ganze Nation soll sich gefälligst als große Interessengemeinschaft (miss-)verstehen. Auch wenn die einen im Überfluss leben und die anderen darben, sollen sich alle Bürger zuallererst als Deutsche sehen, deren gelingendes Leben am Fortbestehen ihres Nationalstaats hängt.

Dabei reicht ein kursorischer Blick in die Nachrichten, um sich davon zu überzeugen, dass dieser Staat ganz sicher *kein* Wohltäter gegenüber seinen Untertanen ist. Bürgergeld-Sätze werden künstlich kleingerechnet, die Kindergrundsicherung politisch torpediert, Klassenfahrten wegen klammer Kassen gestrichen, der Deutschland-Takt der Bahn von 2030 kurzerhand auf 2070 verlegt … Die Liste ließe sich unendlich weiterspinnen, der Befund hingegen ist klar: Ein gutes Leben für alle ist nicht die Staatsräson der Bundesrepublik. Der so oft beschworene «gesellschaftliche Zusammenhalt», er ist nichts weiter als eine Phrase für Weihnachts- und Neujahrsansprachen. Und dennoch tun die maßgeblichen Politiker so, als würden die Interessen des Staates und die seiner Bürger in eins fallen, sodass die Kriegstüchtigkeit nicht nur von oben verordnet, sondern von unten gewollt sein müsse.

Im Zuge dieser geistigen Mobilmachung verändert sich auch die Nationalmoral in rasendem Tempo. Mit militaristischen Phrasen à la «Süß und ehrenvoll ist es, fürs Vaterland zu sterben» war hierzulande lange kein Blumentopf zu gewinnen. Dass von deutschem Boden nie mehr Krieg ausgehen dürfe, gehörte nach dem Zweiten Weltkrieg für viele Bürger fast so sehr zum deutschen Selbstverständnis wie die D-Mark oder die Westbindung – und das nicht nur unter denen, die es mit den Sozialdemokraten hielten.

Diese Politik mag de facto schon lange ins Wanken gekommen sein – immerhin beteiligt sich die Bundesrepublik seit über einem Vierteljahrhundert wieder an gemeinsamen «Verteidigungsaktionen» im Rahmen der NATO. Dennoch hatten sich die Großmachtambitionen der Deutschen lange Zeit vorrangig auf ökonomischem Felde ausgetobt. Ein «der krachenden Niederlage angemessener neuer Nationalismus der Bescheidenheit»[10] hatte sich nach dem Zweiten Weltkrieg etabliert; die Bundesrepublik verstand sich als zivile Demokratie, die höchstens ökonomische Macht als Soft Power einsetzen wollte.

Davon ist heute, knapp drei Jahre nach Ausrufung der «Zeitenwende», wenig übrig geblieben. Am 27. Februar 2022 verkündete Olaf Scholz eine neue Militärpolitik, die neben einem hundert Milliarden Euro schweren Sondervermögen (das sogar im Grundgesetz festgehalten wurde) auch die zukünftige Übererfüllung des NATO-Zwei-Prozent-Ziels enthielt: «Wir werden von nun an Jahr für Jahr mehr als 2 Prozent des Bruttoinlandsprodukts in unsere Verteidigung investieren.»[11] Ein Anspruch, der dem damaligen Oppositionsführer Friedrich Merz zwar gefiel, aber noch nicht weit genug ging: «Deutschland muss endlich bereit sein», forderte er, «in dieser Welt seine Interessen zu definieren, und vor allem bereit sein, diese Interessen auch durchzusetzen. Dazu zählt *nicht nur*, aber *auch* die Fähigkeit, das eigene Territorium [...] zu schützen und zu verteidigen.»[12]

Ehrlicher hätte Merz die neue Führungsrolle, die Deutschland in der EU und in der Welt beansprucht, kaum auf den Punkt bringen können: Das Zeitenwende-Deutschland erhebt zum ersten Mal seit Jahrzehnten selbstbewusst militärische Ansprüche, die über die Landesverteidigung hinausgehen, und soll damit mehr als nur eine ökonomische Soft Power sein. Die Bundesrepublik soll wieder ein Player in der Welt werden, mit dem zu rechnen ist und der seine Interessen auch gewaltsam durchsetzen kann.

Kurz zusammengefasst: Die einstige Partei der Entspannungspolitik, der bis heute ungehörige Russland-

Connections nachgesagt werden, schwört ihren alten Idealen ab und setzt eine militante Zeitenwende in Gang. Die Union plant bereits neue militärische Abenteuer, die über den eigenen Grenzschutz hinausreichen. Und die Grünen, die einst als radikale Friedenspartei angetreten waren, stehen den Konservativen als außenpolitische Falken oft in nichts nach. Zwar lautet die zeitgemäße Losung nicht mehr «Jeder Schuß, ein Ruß!», sondern «feministische Außenpolitik» – aber das Ergebnis ist dasselbe. Mit einer neuen Staatsräson im Gepäck und ohne den Ballast der alten chauvinistischen Rhetorik sind «wir» wieder wer.* Herrliche Zeiten!

Wer da nicht mitmachen mag, ist schnell verdächtig – das durfte auch ich im vergangenen Jahr erfahren. Die Reaktionen auf meinen *Zeit*-Artikel waren bemerkenswert: Von Roderich Kiesewetter, einem der bekanntesten Sicherheitspolitiker des Landes, wurde ich als «zynisch» diskreditiert («Für Sie sollte sich niemand engagieren»);[13] die verteidigungspolitische Sprecherin der Grünen spottete nur, ich könne ja versuchen zu fliehen;[14] und in den Leserkommentaren von *Zeit Online* wurde mir russische Lagerhaft gewünscht.

Diese Wortmeldungen waren zwar heftig, kamen aber nicht unbedingt überraschend: Denn so weitver-

* Und damit das Ganze auch geschlechtergerecht abläuft, tragen sich manche Sicherheitsexperten bereits mit dem Gedanken, durch eine Grundgesetzänderung in Zukunft auch Frauen zum Kriegsdienst zu verpflichten.

breitet die Kriegsskepsis in der Bevölkerung auch sein mag, so selten vernimmt man in der Öffentlichkeit Stimmen, die Aufrüstung und Kriegseinsätze kritisieren, ohne selbst die staatliche Denkweise zu übernehmen.

In diesem Buch will ich meine Haltung zu Krieg und Staatlichkeit daher genauer ausführen – in der Hoffnung, andere davon zu überzeugen, sich nicht mit Staaten, sondern mit den von Krieg und Gewalt betroffenen Menschen auf allen Seiten der globalen Fronten gemeinzumachen.

In Kapitel I soll es um den Sinn des Krieges gehen. Denn auch wenn oft behauptet wird, Krieg sei sinnlos, werden doch immer wieder Kriege geführt. Wer dies weshalb tut, wessen Sicherheit im Kriegsfall bedroht ist und was die undankbare Rolle der überhaupt nicht an gewalttätigen Auseinandersetzungen interessierten Staatsbürger dabei ist – all das soll hier genauer betrachtet werden.

In Kapitel II wird es dann um den Unsinn des Krieges gehen. Soll heißen: um seine ideologischen Rechtfertigungen. Denn wer sich generell gegen Krieg ausspricht – also gegen staatliche Angriffe wie gegen staatliche Verteidigung –, der muss sich allerlei unbequeme Fragen gefallen lassen. Etwa, was man denn gegen einen neuen Hitler zu tun gedenke oder wie man es mit der Demokratie halte. Ich werde zeigen, wieso diese Fragen, die meist mit großer moralischer Verve vorgetragen werden, oft ins Leere greifen.

In Kapitel III werde ich dann erklären, wofür es sich meiner Meinung nach zu kämpfen lohnt – auch wenn ich keine Waffe in die Hand nehmen möchte, um «mein Land» zu verteidigen.

Noch eine letzte Vorbemerkung: Dieses Buch liefert keine politischen Lösungen für die Konflikte der Gegenwart. Es werden keine Patentrezepte präsentiert, denen die Staaten bloß folgen müssten, um den ewigen Frieden sicherzustellen. Stattdessen soll erklärt werden, wieso es zum Wesen von Nationalstaaten gehört, immer wieder zum Mittel der kriegerischen Gewalt zu greifen. Dass Staaten sich durch permanente Gewalt nach innen wie nach außen kennzeichnen, ist eine der Kernthesen dieses Buches. Wer daher auf Friedensappelle und konstruktive Hinweise an die Lenker der Staatenwelt hofft, der möge dieses Buch getrost zur Seite legen. Es ist denen zur Aufklärung zugedacht, die von ihren Herrschern bloß als nützliche Idioten im Schützengraben eingeplant sind.

I.

Der Sinn des Krieges

Krieg ist sinnlos!» – da sind sich fast alle einig.

Das können wir beispielsweise im Kulturbetrieb erleben, wann immer ein kriegskritischer Film oder Roman erscheint. Kaum eine Rezension oder Bewerbung eines solchen Werks kommt ohne die Behauptung aus, hier würde schonungslos die Sinnlosigkeit des Krieges dargestellt.*

Ähnlich geht es in tagespolitischen Diskussionen zu. In der Bundestags-Aussprache direkt nach Kriegsbeginn in der Ukraine wählten die Parlamentarier Britta Haßelmann (Die Grünen), Gabriela Heinrich (SPD) und Wolfgang Kubicki (FDP) allesamt das Attribut «sinnlos», um Putins Krieg zu charakterisieren.[15] So uneinig die Ampel-Koalition sich in den knapp drei Jahren ihres Bestehens war, so einig wurde man sich

* Der Wortlaut mag variieren, aber es sind fast immer ähnliche Formulierungen, die einem in Film-/Literaturlexika, Werbematerialien und Rezensionen begegnen. Um nur zwei zufällige Belege zu geben: Der Arthaus-Verleih bewirbt Dalton Trumbos Klassiker *Johnny zieht in den Krieg* (1971) mit den Worten, er klage «eindringlich die Sinnlosigkeit des Krieges an»; während der *Evangelische Filmbeobachter* über *Im Westen nichts Neues* (1930) zu berichten weiß, dass es sich um eine «überzeugende Darlegung der Sinnlosigkeit des Krieges» handele.

parteiübergreifend im Urteil über diesen Angriff: sinnlos!

Und auch friedensbewegte Aktivisten schauen Tag für Tag voller Schrecken auf das Morden in der Welt, um dann zu fragen, wer so etwas denn wirklich wollen könne: Zahllose geopferte Menschenleben, verwüstete Städte, zerstörte Infrastruktur, massenhafte Produktion und Anwendung von Vernichtungsmitteln – was könnte es Sinnloseres geben?

Auf den ersten Blick lässt sich dem kaum widersprechen. Wer Berichte aus Kriegsgebieten liest, kann eigentlich nur fassungslos reagieren. Man denke an den Ersten Weltkrieg: Unzählige (vor allem junge) Männer aus aller Herren Länder hocken jahrelang in Gräben und gehen alle paar Stunden aufeinander los, um sich mit Granaten, Gewehrkugeln, Bajonetten und Giftgas niederzuringen – bloß um ein paar Meter Geländegewinn für ihre Befehlshaber zu erzielen.

Und wenn nicht gerade gekämpft wird, geht es kaum sinnvoller zu. Dann werden nämlich die errungenen Meter mit neuen Gräben und Stacheldrahtfestungen gesichert. Was für eine Vergeudung menschlicher Arbeitskraft! Die beteiligten Soldaten tragen nichts davon außer Traumata und Verletzungen – wenn sie denn überleben.

> [E]in anderer [Soldat] geht zur Verbandstelle, und über seine festhaltenden Hände quellen die Därme; wir sehen Leute ohne Mund, ohne Unter-

kiefer, ohne Gesicht; wir finden jemand, der mit den Zähnen zwei Stunden die Schlagader seines Armes klemmt, um nicht zu verbluten, die Sonne geht auf, die Nacht kommt, die Granaten pfeifen, das Leben ist zu Ende. Doch das Stückchen zerwühlter Erde, in dem wir liegen, ist gehalten gegen die Übermacht, nur wenige hundert Meter sind preisgegeben worden. Aber auf jeden Meter kommt ein Toter.[16]

So beschreibt Erich Maria Remarque das alltägliche Gemetzel in seinem Roman *Im Westen nichts Neues*. Keine Spur von Heroismus schimmert hier auf; die Soldaten werden an der Front zu getriebenen, verzweifelten Tieren, die töten, um nicht selbst getötet zu werden. Mal gehen sie in die Offensive und erobern ein paar Meter Dreck, mal werden sie wieder zurückgedrängt – und das jahrelang. Auch hier möchte man instinktiv ausrufen: Wie sinnlos!

Und in der Tat, für die Soldaten gilt dieses Urteil in jedem Fall. Sie opfern ihr Leben einem Zweck, der gar nicht der ihre ist. Sie morden, um die Großmachtambitionen ihrer Kaiser, Könige, Zaren und Präsidenten zu befriedigen, und verlieren dabei jede Verbindung zu ihrem vorherigen Leben, das oftmals noch in der Schule spielte und eigentlich in Universitäten oder Ausbildungsbetrieben fortgesetzt werden sollte – ganz zivil eben. Die Toten werden verscharrt, und die Überlebenden sind nach Jahren der Gräuel zu nichts mehr zu gebrauchen: «Der Krieg hat uns für alles verdorben.»[17]

Ebenso sinnlos erscheint der Krieg aus Sicht der restlichen Bevölkerung. Diese muss zwar nicht selbst an der Front dienen, darf aber dafür daheim darben – denn wenn die Volkswirtschaft der Kriegsproduktion unterstellt ist, lautet die allgemeine Devise: Kanonen statt Butter!*

Krieg bedeutet aus ökonomischer Sicht, dass ein großer Teil der gesellschaftlichen und natürlichen Potenzen einem einzigen Zweck untergeordnet wird: nämlich der Herstellung von Tötungs- und Abwehrmaterial. All die Ressourcen, mit deren Hilfe die Menschheit sich eigentlich ein nettes, kooperatives Leben machen könnte, werden eingesetzt zur Produktion von Panzern, Granaten und Maschinengewehren – der alltägliche Bedarf muss hintanstehen.

Wie absurd diese Ressourcenverteilung ist, hielt der Fotokünstler John Heartfield einst in seinem Bild «Hurrah, die Butter ist alle!» fest: In dieser Montage ist eine Familie zu sehen, die Eisenwaren isst; eines der Kinder knabbert an einem Henkersbeil. Die Zivilisten

* Dieses Bild, das unter anderem von Hermann Göring und Rudolf Hess verwendet wurde, hat später seinen Siegeszug in ökonomischen Lehrbüchern gefeiert, etwa in Paul A. Samuelsons VWL-Klassiker *Economics*. Dass vielen bürgerlichen Wirtschaftswissenschaftlern als erstes Beispiel für ökonomische Dilemmata die Frage in den Sinn kommt, ob die Menschheit Lebens- oder Tötungsmittel herstellen soll, sagt bereits eine Menge aus über die tatsächliche Staatsferne von liberalen Ökonomen, die ansonsten inbrünstig über «zu viel Staat» klagen.

müssen hungern, damit die Soldaten etwas zum Schießen haben – was für ein Wahnsinn.

Dass der Krieg deshalb *generell* sinnlos sei, will aber auch ein pazifistischer Autor wie Remarque nicht behaupten. In seinem vielleicht gewitztesten Dialog lässt er seine Protagonisten über Sinn und Unsinn des Krieges räsonieren. Dabei verstehen die Soldaten: Sie schießen zwar nicht aufgrund persönlicher Unverträglichkeiten auf ihre französischen Nachbarn – es scheint aber dennoch einen Sinn des Krieges zu geben, von dem sie dummerweise nichts haben.

> «Weshalb soll nun wohl ein französischer Schlosser oder Schuhmacher uns angreifen wollen? Nein, das sind nur die Regierungen. Ich habe nie einen Franzosen gesehen, bevor ich hierherkam, und den meisten Franzosen wird es ähnlich mit uns gehen. Die sind ebensowenig gefragt wie wir.»
>
> «Weshalb ist dann überhaupt Krieg?» fragt Tjaden.
>
> Kat zuckt die Achseln. «Es muß Leute geben, denen der Krieg nützt.»[18]

Ganz richtig: Sinnlos kann der Krieg nicht sein, sonst würde er nicht permanent wüten in der Welt. Von Regierungen, die fremdes Gebiet erobern und annektieren wollen, bis hin zu Kriegsgewinnlern in Rüstungskonzernen finden sich allerlei Verursacher und

Nutznießer, von denen ein jeder weiß, wenn er auch sonst nichts weiß. Geklärt werden muss gleichwohl, in welchem Verhältnis diese Parteien zueinander stehen und welche Rolle das Volk im Krieg einnimmt. Für *wen* ist der Krieg eigentlich sinnvoll?

Um diese Frage zu beantworten, wollen wir uns zuallererst einer anderen, trivial anmutenden widmen.

Was ist Krieg?

Mit wissenschaftlichen Definitionen menschengemachter Dinge ist es so eine Sache: Häufig werden sich Forscher nicht einig, wie sie zu bestimmen sind. Terminologische Debatten, bei denen sich Experten nicht einmal auf die grundlegendsten Gemeinsamkeiten verständigen können, gibt es zuhauf.

So auch in unserem Fall, wie der Sicherheitsforscher Peter Rudolf im *Lexikon der Politikwissenschaft* festhält: «Für die politikwiss. Forschung stellt sich jedoch das Problem einer Operationalisierung des Untersuchungsgegenstandes K[rieg] und seiner Abgrenzung von anderen Formen gewaltsamen Konfliktaustrags. Hierbei fehlt es an einheitlichen Definitionen.» Und: «In der Kriegsursachenforschung fehlt es [...] an einem allg. anerkannten Kriegsbegriff.»[19]

Tatsächlich ist die Abgrenzung nicht einfach: Wo endet ein «Konflikt», wo beginnt «Krieg»? Gibt es diesen nur dort, wo zwei bewaffnete Staatsgewalten aufeinandertreffen? Wohl kaum: Es gibt schließlich auch Kriege, die nicht *zwischen*, sondern *innerhalb* von Staaten geführt werden, etwa Bürgerkriege. Auch gibt es Kriege, an denen nicht-staatliche Akteure beteiligt sind. Das können Söldner- oder Guerilla-Gruppen sein, oder sogenannte Terrororganisationen, die zwar die Gewalt in einer Region monopolisiert haben, aber von der internationalen Staatenwelt nicht als legitime Regierungen anerkannt sind.*

Die Bandbreite potenzieller Kriegs- und Konfliktszenarien ist unüberschaubar groß. Für unsere Zwecke genügt es, wenn wir uns ausschließlich mit Konflikten befassen, bei denen Einigkeit herrscht, dass es sich um Kriege handelt. Es soll im Folgenden nur um konventionell geführte Kriege zwischen zwei Staatsgewalten gehen. Dies nicht aus Faulheit, sondern aus dem simplen Grund, dass diese Form der Kriegsführung die wahrscheinlichste für mich als Autor wie für Sie als Leserin und Leser ist. Dass in der Bundesrepublik Guerillatruppen versuchen, Gebiete unter ihre Kontrolle zu bringen, oder Terrororganisationen über vereinzelte Anschläge hinaus zu einer Gefahr für die Staatsmacht werden, ist dagegen mehr als unwahrscheinlich.

Da ich in diesem Buch nur erklären möchte, wieso *ich* unter keinen Umständen für «mein» Land kämpfen würde, werde ich mich ausschließlich auf solche

* Auch fernab der direkten militärischen Konfrontation gibt es kriegsähnliche Konflikte. In der Ökonomie wird von Wirtschafts- oder Handelskriegen gesprochen; hier werden die wirtschaftlichen Potenzen eines Staates (oder eines nicht-staatlichen Kollektivs) zur Waffe gemacht. Oftmals wird diese Form der Konfrontation zur zivileren Form des Krieges erklärt, obwohl auch sie für unermessliches Leid sorgen kann – denn ökonomischer Mangel kann in wenig autarken Regionen Hunger und Elend bedeuten.

Kriege konzentrieren, die für mich eine realistische Bedrohung darstellen, in denen also ein Staat den anderen angreift, um sich Land und Leute untertan zu machen.*

Was passiert in einem solchen Fall? Das wollen wir einmal anhand zweier fiktiver Kriegsparteien durchexerzieren, die wir «Staat X» und «Staat Y» nennen.

Für die Argumentationslogik ist diese Abstraktion unausweichlich. Denn es ist davon auszugehen, dass ein großer Teil der Leserinnen und Leser gewisse Sympathien und Parteilichkeiten für bestimmte Staaten oder politische Führungspersönlichkeiten hegt. Ob man es eher mit dem Westen oder dem Osten hält; ob man ein sicherheitspolitischer «Falke» ist oder für «Entspannung» eintritt, soll an dieser Stelle aber keine Rolle spielen.

Am Anfang des Krieges steht oftmals eine Kriegserklärung – ein Repräsentant des Staates X (meistens der Staatschef und Oberbefehlshaber) erklärt dem Staat Y den Krieg, etwa in Form einer Depesche oder einer Fernsehansprache. Die Gründe hierfür können vielfältig sein: Vielleicht ist unser Souverän X der Meinung, dass ihm deshalb das Recht zum Krieg zukommt,

* Dass solche Konstellationen in diesem Buch im Fokus stehen, bedeutet gleichwohl nicht, dass sich meine Kritik nicht auch auf andere militärische Konfrontationen übertragen ließe. Ich würde sogar im Gegenteil behaupten, dass sie auf einen Großteil der Kriege übertragbar ist – mit Ausnahme des Vernichtungskriegs, der später noch Thema sein wird.

weil ein politischer Vorgänger von ihm schon einmal über das angegriffene Gebiet geherrscht hat. Möglich ist auch, dass er seine Ansprüche einer alten religiösen Überlieferung entnimmt, oder aber, dass er ganz weltliche Gründe für den Waffengang hat – beispielsweise, wenn er im überfallenen Land nützliche Rohstoffe wittert, die er der heimischen Ökonomie einverleiben möchte.

Egal, was sein Kriegsgrund ist, und ganz gleich, ob die Formalität der Kriegserklärung eingehalten wird: So oder so bedeutet der Krieg Gewalt. Die Soldaten des Staates X marschieren ins Staatsgebiet Y ein und gehen dabei über Leichen, oder sie terrorisieren die Bevölkerung mit Bomben- und Artilleriebeschuss aus der Ferne.

Das tun sie nicht, weil sie selbst persönliche Probleme mit den Angehörigen des angegriffenen Staates hätten – sondern weil sie von ihrem Herrscher den Befehl dazu erhalten. Zwar mag es sein, dass die Soldaten den Krieg aufgrund nationalistisch-chauvinistischer Vorurteile über die andere Seite für gerechtfertigt halten. Diese subjektive Motivation spielt jedoch keine Rolle: Krieg beginnt dann, wenn er befohlen wird, und er unterbleibt, wenn er nicht befohlen wird.

Diese Gewalt ist wohlgemerkt kein Selbstzweck. Der Herrscher X lässt die Soldaten und Zivilisten des Staates Y nicht etwa deshalb angreifen, weil er ihre individuelle Vernichtung für wünschenswert hält; ebenso wenig zerstört er fremde Städte aus Jux und

Tollerei. Er mag uns moralisch verkommen erscheinen, aber er ist immer noch ein rational handelnder Agent: Er will möglichst große Gebiete erobern und die dort lebenden Menschen zu seinen Untertanen machen. An wahlloser Vernichtung und Zerstörung kann ihm nicht gelegen sein. Das Töten ist nicht der Zweck seines Handelns, sondern Mittel zum Zweck des eigenen Machtausbaus.

Und so wird dann auch der Herrscher X die Toten, die er produziert, zu einer bedauerlichen Notwendigkeit seines «gerechten» Krieges erklären. Der Historiker Gerhard Henke-Bockschatz schreibt dazu:

> Kein Staatsmann wird jemals sagen, dass er einen Krieg und die damit einhergehenden Leiden und Zerstörungen «gewollt» habe oder will. Dass es aber «leider» Situationen geben kann, in denen sie «schweren Herzens» und im Bewusstsein der Verantwortung Waffen gegeneinander einsetzen «müssen», ist Staatsmännern damals wie heute geläufig. Auf diese defensive Art wollen sie eben Krieg und bereiten ihn vor – auch dann, wenn sie nicht mehr «Kriegs-», sondern «Verteidigungsminister» heißen.[20]

Auch unser Herrscher X wird seinen Waffengang damit rechtfertigen, dass es sich um ein reines Defensivmanöver handele, das ihm vom Rest der Staatenwelt aufgezwungen wurde – etwa, indem seine «Sicherheitsinteressen» missachtet worden seien. Das mag zwar geheuchelt sein. Dennoch sollte die Tatsache, dass Staatschef X zu kriegerischen Mitteln greift, uns nicht dazu verleiten, ihm bloße Mordlust und Blutgier zu unterstellen, wie es häufig in psychologisierender (wenn nicht sogar pathologisierender) Weise geschieht.

Er greift die gegnerischen Soldaten nicht als zu eliminierende Individuen, sondern zuallererst als Repräsentanten der feindlichen Staatsmacht an – in der Hoffnung, dass ebendiese Staatsmacht die eigene Unterlegenheit anerkennt und vor dem Angriff einknickt.

Was passiert nun auf der anderen Seite? Letztlich dasselbe, nur spiegelverkehrt. Der Herrscher Y bestellt seine Streitkräfte ein und befiehlt ihnen, den Angriff abzuwehren; sie müssen bereit sein, die staatlichen Grenzen mit ihrem Leben zu verteidigen.

Auch die Männer, die nicht Berufssoldaten sind, müssen im Land verbleiben: Entweder werden sie in späteren Mobilisierungswellen eingesetzt, oder sie dienen in zivilen Funktionen, was aber nicht unbedingt bedeutet, dass sie dadurch sicherer sind. Denn wer in der Feldküche Kartoffeln schält oder Verwundete ins Krankenhaus fährt, der kann genauso gut von einer Drohne oder Haubitze getötet werden wie ein Krieger im Schützengraben. Nur Frauen, Kinder und Alte dürfen im Regelfall fliehen und sich in Sicherheit bringen – wenn sie denn Nachbarländer haben, die ihnen das erlauben.

Wie bereits erwähnt, stehen die Kämpfenden an und für sich in keinem antagonistischen Verhältnis zueinander. Das unterscheidet den Krieg von gewalttätigen Auseinandersetzungen im privaten Umfeld: Persönliche Antipathien und Motive wie Habgier oder Eifersucht spielen keine Rolle. Wahrscheinlich haben sich unsere Soldaten vor ihrer Begegnung auf dem Schlachtfeld noch nie gesehen, auch hat es ihnen zu Friedenszeiten garantiert keine Anstrengungen bereitet, gewaltfrei nebeneinanderher zu leben. Und dennoch werden sie nun gezwungen, sich gegenseitig zu töten.

Ebendiese bittere Wahrheit bringt der oben zitierte Soldat Remarques zum Ausdruck, wenn er seine Kameraden darauf stößt, dass französische und deutsche Arbeiter eigentlich gar keinen Grund hätten, sich gegenseitig an die Gurgel zu gehen, und dass dies einzig und allein die Entscheidung der Regierenden ist. Deren Uneinigkeit, welches Gebiet welcher Staatsmacht untergeordnet sein sollte, ist der einzige Grund für Massenmord und Zerstörung.

> An irgendeinem Tisch wird ein Schriftstück von einigen Leuten unterzeichnet, die keiner von uns kennt, und jahrelang ist unser höchstes Ziel das, worauf sonst die Verachtung der Welt und ihre höchste Strafe ruht. Wer kann da noch unterscheiden, wenn er diese stillen Leute hier sieht mit den kindlichen Gesichtern und den Apos-

telbärten! Jeder Unteroffizier ist dem Rekruten, jeder Oberlehrer dem Schüler ein schlimmerer Feind als sie uns.[21]

So denkt Remarques Protagonist Paul Bäumer später, als er feindlichen Kriegsgefangenen Auge in Auge gegenübersteht. Besser kann man die Perfidie des Krieges kaum zusammenfassen: Hier erblicken sich Menschen, die keinerlei Interessenkonflikte haben, die ihnen nicht von außen aufgezwungen worden wären. Sie sterben für Zwecke, die nicht die ihren sind. Welches ihrer Vaterländer nun diesen oder jenen Quadratkilometer erobert oder verliert, ist für ihre Machthaber von Bedeutung, nicht aber für sie selbst.

Genau deshalb ist der Unteroffizier, der seine Rekruten zum Kämpfen anhält, für Bäumer gefährlicher als jeder der ausländischen Männer, die von ihm durch einen Zaun getrennt sind.

Wenn es so etwas wie das Wesen des Krieges gibt, dann liegt es wohl darin: Die Herrscher eines Staats stellen den eigenen Machtausbau oder -erhalt, also ihre staatliche Souveränität, über das Leben der Bürger und verfügen bedingungslos über ebendiese.

Ohne dieses instrumentelle Verhältnis ist Krieg nicht zu haben. Die schöne Idee, dass sich zwei Machthaber doch auch einfach im persönlichen Zweikampf gegenseitig zerfleischen könnten, anstatt ihre Untergebenen über die Klinge springen zu lassen, ist deshalb natürlich naiv.* Staatenlenker haben dies schlicht nicht nötig. Ihnen stehen Hunderttausende junge Männer zur Verfügung, die sich praktischerweise oft genug mit den Zielen des eigenen Staates identifizieren, auch wenn ihnen sowieso keine freie Wahl gelassen wird.

Die folgende Anekdote aus Immanuel Kants Traktat *Zum ewigen Frieden* bringt diesen Instrumentalismus wunderbar auf den Punkt:

> So antwortete ein bulgarischer Fürst dem griechischen Kaiser, der den Zwist mit ihm, nicht durch Vergießung des Bluts seiner Untertanen, sondern gutmütigerweise durch einen Zweikampf abmachen wollte: «Ein Schmied, der Zangen hat, wird das glühende Eisen aus den Kohlen nicht mit den Händen herausnehmen.»[22]

Im Gleichnis des bulgarischen Fürsten wird der Mensch zur Zange, man könnte auch sagen: Er wird entmenschlicht, und zwar im wortwörtlichen Sinne. Der *homo sapiens*, der eigentlich ein verständiger Mensch sein sollte, wird zum Ding, zum bloßen Werkzeug der Machthaber; alle Vernunft wird dem Gehorsam unterworfen.

* Auch in *Im Westen nichts Neues* fordert der Soldat Kropp, die Herrscher sollten sich doch bitte in einen Zweikampf begeben, anstatt ihre Soldaten aufeinanderzuhetzen (vgl. Erich Maria Remarque, *Im Westen nichts Neues*, a. a. O., S. 41).

Diese intellektuelle Entmenschlichung ist Voraussetzung der moralischen: Denn nachdem der Verstand und die Entscheidungsfreiheit dem Befehl untergeordnet wurden, gilt es zu töten. Was im zivilen Leben als schlimmstes denkbares Verbrechen gilt, wird nun zur Alltagshandlung. Der Mensch wird vom vernünftigen und moralischen Wesen in ein Tötungswerkzeug verwandelt – und das vom Staat, der von so vielen Denkern als Voraussetzung von Vernunft und Freiheit angesehen wurde!

Im Unwort des vergangenen Jahrhunderts – «Menschenmaterial» – ist dieses Verhältnis des Staates zu seinen Bürgern vielleicht am ehrlichsten gefasst. Die Formulierung mag drastisch sein, aber sie bringt auf den Punkt, was das Wesen des Krieges ist: nämlich dass wenige Menschen über andere bedingungslos verfügen können; dass sie das Recht haben, diese für ihre eigenen machtpolitischen Interessen nach Belieben zu benutzen – und genau das dann auch tun.

Der Mensch, dessen Existenz (aller aufklärerischen Moral folgend) eigentlich ein Zweck an sich sein sollte,* wird zum bloßen Mittel der Machthaber, zum Ding, zur Manövriermasse.

* Man denke an die berühmte Wendung Kants: «Handle so, daß du die Menschheit, sowohl in deiner Person als in der Person eines jeden andern, jederzeit zugleich als Zweck, niemals bloß als Mittel brauchest.»

Ein paar unbequeme Gedanken zu Angriff und Verteidigung

Obige Kritik richtet sich wohlgemerkt nicht bloß gegen diejenigen, die einen Krieg beginnen. Auch auf die Staatenlenker, die «sich verteidigen», trifft sie zu.

An dieser Stelle dürften einige Leserinnen und Leser empört aufmerken: Wie kann man denn etwas dagegen haben, dass sich ein Staat verteidigt? Und in der Tat, eine solche Haltung, die sich mit keiner Seite gemeinmacht, scheint erst einmal kontraintuitiv: Uns käme es auch nicht in den Sinn, einer Privatperson, die auf offener Straße angegriffen wird, ihr Recht auf Selbstverteidigung abzusprechen.

Gleichwohl gibt es hier einen entscheidenden Unterschied: Während bei einer Gewalttat zwischen Privatpersonen die angegriffene Seite tatsächlich *sich selbst* verteidigt, also mit eigener Gewalt das eigene Leben schützt, ist es beim Staat anders. Wo dieser angegriffen wird, verteidigen sich die Staatschefs bekanntlich nicht selbst, sondern entsenden *Dritte* zum Schutz der eigenen Souveränität.*

* Einige Leserinnen und Leser werden sich an dieser Stelle vielleicht fragen, ob eine derart scharfe analytische Trennung zwischen Volk

Wenn die Rede davon ist, dass der Staat Y «sich selbst» verteidige, wird genau diese Unterscheidung zwischen Volk und Führung verwischt. Suggeriert wird, dass die staatliche Selbstverteidigung gleichbedeutend sei mit dem Schutz der Bürger. Und bekanntlich ist eines der wichtigsten Versprechen von Staaten an ihr Volk: Sicherheit. Aber stimmt das wirklich? Um *wessen* Sicherheit geht es hier?

Blicken wir erst einmal an die Front. Die Männer unseres fiktiven Staates Y werden ganz sicher nicht geschützt durch die kriegerische Widerwehr, im Gegenteil. Sie müssen ihrem Land dienen, ganz egal, wie sie sich subjektiv zu dem Krieg und den beteiligten Mächten stellen. In jedem Moment, in dem sie die staatliche Souveränität verteidigen, ist ihr Leben bedroht; um sie herum hagelt es Kugeln, Bomben und Granaten. Selbst in dem Fall, dass sie körperlich unversehrt bleiben, werden sie nie mehr dieselben sein. Wir sehen bereits: Wenn der Staat als Sicherheitsgarant für seine Bürger dargestellt wird, kann es um die Kämpfer an vorderster Front kaum gehen.

Wie sieht es dann jenseits der unmittelbaren Gefechtszone aus? Kämpfen die Soldaten etwa für die Sicherheit der Zivilisten, denen eine Flucht nicht mehr möglich war? Dient die staatliche Selbstverteidigung denjenigen, die es nicht rechtzeitig über die Grenze

und Führung im Fall demokratischer Staaten wirklich Sinn ergibt. Auf die Demokratie und den tatsächlichen Grad der «Volkssouveränität» gehe ich in den Kapiteln II und III genauer ein.

geschafft haben? Auch das scheint bei näherem Hinsehen fraglich. Denn je länger der Krieg andauert, desto enthemmter wird im Regelfall die Kriegsführung – auch gegenüber der Zivilbevölkerung –, und desto größer wird die allseitige Zerstörung. Mit jedem zusätzlichen Tag Krieg nehmen die Mordlust und das Rachebedürfnis aller beteiligten Soldaten zu – weshalb sich die Gewalt dann häufig nicht nur gegen gegnerische Kämpfer, sondern auch gegen einfache Bürger der Feindesnation entlädt. Von den Schäden an ziviler Infrastruktur, die über Jahrzehnte aufgebaut wurde und nun innerhalb von Sekunden zerstört wird, wollen wir gar nicht erst anfangen – auch wenn die Zerstörung von Stromnetzen, Krankenhäusern und Wasserleitungen zu einer ebenso großen Gefahr für Leib und Leben werden kann wie der direkte Beschuss.

Stellen wir uns daher für einen Augenblick vor – so unwahrscheinlich es ist –, der Staat Y würde seinen Herrschaftsanspruch ohne militärische Widerwehr an Staat X abtreten. Was würde passieren? Sicherlich würde eine Eroberung durch Armee X mit Schrecken und Gewalttaten einhergehen. Und sicherlich müssten einige besonders prominente Politiker und Fürsprecher des Staates Y ins Ausland fliehen. Dennoch ist es für einen Großteil der Zivilbevölkerung nicht ausgemacht, dass eine Kapitulation mehr Gewalterfahrung bedeuten würde als die jahrelange militärische Widerwehr.

Es kann sogar gut sein, dass die Bevölkerung Y *bes-*

ser dran wäre, wenn sie ohne größere Kampfeshandlungen von der feindlichen Armee eingenommen und danach unter Verwaltung des Staates X gestellt würde, als wenn sie jahrelang dabei zusehen müsste, wie die heimischen Männer im Kampf gegen den «Feind» fallen und die eigene Lebenswelt Tag für Tag zunichtegemacht wird. Dabei geht es nicht bloß um unmittelbare Todesfolgen, sondern auch um langfristige ökonomische Überlegungen. Ein ausgebombtes Land, das weiterhin unter derselben politischen Herrschaft steht wie zuvor, mag zwar den «Feind» besiegt haben. Dafür hat es aber einen guten Teil seiner männlichen Bevölkerung sowie seiner Infrastruktur verloren – und ist damit ökonomisch kaum noch lebensfähig. Viele Tausend Arbeitskräfte, aber auch Straßen, Kraftwerke, Maschinenparks sind vernichtet.

Der Sieg der Staatsmacht kann also dadurch erkämpft werden, dass sich die Lebensbedingungen der Bürger wesentlich verschlechtern. Nur: Wer kann noch von «Sieg» sprechen, wenn alles um einen herum in Trümmern liegt? Vielleicht ist es genau umgekehrt, und die Niederlage der eigenen politischen Herrschaft ist unter bestimmten Umständen für das besiegte Volk sogar ein Gewinn. So sieht es zumindest Bertolt Brechts *Mutter Courage*, die durch die Wirren des Dreißigjährigen Krieges reist:

> Wer ist besiegt? Die Sieg und Niederlagen der Großkopfigen oben und der von unten fallen

> nämlich nicht immer zusammen, durchaus nicht. Es gibt sogar Fälle, wo die Niederlag für die Untern eigentlich ein Gewinn ist für sie. Die Ehr ist verloren, aber nix sonst. [...] Im allgemeinen kann man sagen, daß uns gemeinen Leuten Sieg und Niederlag teuer zu stehn kommen. Das Beste für uns ist, wenn die Politik nicht recht vom Fleck kommt.[23]

In Brechts Drama erleben wir Menschen, denen es völlig egal ist, von wem sie beherrscht werden. Ihnen geht es nur darum, endlich wieder ein Leben führen zu dürfen, in dem sie nicht tagtäglich von kriegerischer Gewalt bedroht sind. Je nachdem, welche Macht gerade auf dem Vormarsch ist, wechseln sie ihre Kleider und Ansichten wie der Wind. Das mag modernen Bürgern, die sich mit ihrem Staat identifizieren, vielleicht zynisch vorkommen; aber diese Haltung ist schlichtweg rational. Wer das eigene Leben höher schätzt als die Frage, von wem er regiert wird, der wird genauso opportunistisch handeln; und für den kann die Kapitulation der eigenen Staatsmacht ein echter Sieg sein, da sie ihm das Leben rettet.

Aber solche Überlegungen wird der Staatschef des angegriffenen Landes Y kaum ernstlich anstellen. Vielmehr sieht er die bestehende Herrschaft über Land und Leute als Selbstzweck an und will sich diese Souveränität nicht nehmen lassen. Er geht wie selbstverständlich davon aus, dass es für sein Volk eine absolute Notwendigkeit ist, von *ihm* regiert zu werden, und sieht sich als Dienstleister an diesem imaginierten Wunsch.* Daher nimmt er sich auch das Recht heraus, die eigenen Bürger zum Kampf zu verpflichten: Er denkt Volk und Führung als große Interessengemeinschaft, die gegen den Rest der Welt bestehen muss.

Wenn der Staatschef Y tatsächlich einmal seine Souveränität abtritt, dann wohl erst nach erfolgter militärischer Widerwehr und wenn er einen Sieg nicht mehr für realistisch hält. Bis zu diesem Zeitpunkt wird er dazu bereit sein, das eigene Volk sowie die materielle Substanz der heimischen Wirtschaft zu opfern. Nur wenn die militärische Lage hoffnungslos scheint, wird er Bereitschaft zeigen, mit dem Feind über eine Neuverteilung der Macht zu verhandeln.

Hier sehen wir also, wer oder vielmehr *was* in diesem Krieg tatsächlich verteidigt wird. Es sind nicht die Kämpfenden und auch nicht die Zivilisten. Es ist die bestehende staatliche Herrschaft. Der Schutz, den der Staat Y seinen Bürgern bietet, ist keineswegs einer vor Gewalt schlechthin. Es ist der Schutz vor *Fremd*herrschaft: Weil unser Staatschef Y seine Herrschaft als Lebensbedingung des eigenen Volkes betrachtet,

* Ganz und gar imaginiert ist dieser Wunsch zugegebenermaßen nicht. Wahrscheinlich ist ein guter Teil des Volkes nationalistisch genug erzogen worden, um die bestehende politische Herrschaft für eine veritable Lebensbedingung zu halten. Dass sie von vielen praktiziert wird, macht diese Ineinssetzung mit dem eigenen Staat aber noch lange nicht *richtig*.

nimmt er sich das Recht heraus, seine Untertanen als Werkzeug gegen den militärischen Feind zu gebrauchen. Die Zumutung, die das für die kämpfenden Bürger bedeutet, fasst der bereits zitierte Gerhard Henke-Bockschatz wie folgt zusammen:

> Von den Bürgern wird im Kriegsfall praktisch der Beweis verlangt, dass ihnen «ihr» Staat wirklich als unbedingte Voraussetzung ihres Lebens gilt, sie ihn auf jeden Fall erhalten wollen und dafür auch ihr Leben hinzugeben bereit sind.[24]

Und wenn die Bürger diesen Beweis nicht erbringen *wollen*, verfügt unser Staatschef immer noch über genug Gewaltmittel, um sie dennoch zum Kampf zu *zwingen*.

Zum Verhältnis von Staat, Kapitalismus und Krieg

Bisher war ausschließlich von staatlichen Interessen die Rede. Wie verhält es sich aber mit den privatwirtschaftlichen Akteuren? Heute, da fast alle Staaten mehr oder minder kapitalistisch sind, handelt es sich schließlich auch bei den Unternehmen um gesellschaftlich maßgebliche Subjekte. Jeder weiß noch dazu, dass sich viele Firmen im Krieg die Taschen vollmachen, allen voran Rüstungsunternehmen und Waffenhändler. Nur: In welchem Verhältnis stehen Staat, Kapital und Krieg genau zueinander?

Für viele Menschen ist die Sache einfach, sie sind sich sicher: Beim Krieg geht's nur ums Geld! Dieses Erklärungsmuster hört man immer wieder. Entweder will ein kriegerischer Staat ausländische Rohstoffe erobern, oder er will seinen Unternehmen ferne Absatzmärkte erschließen, die ihnen bis dahin versperrt waren. So gesehen erscheint der Staat als ein bloßer Dienstleister heimischer Kapitalisten, die an Rohstoffmangel oder Handelsbarrieren leiden.

Diese Theorie ist mehr als hundert Jahre alt, und sie ist besonders unter Linken weit verbreitet. 1917, kurz vor Ausbruch der Russischen Revolution, veröffentlichte der spätere sowjetische Staatschef Wladimir Iljitsch Lenin seine berühmte Schrift *Der Imperialismus als höchstes Stadium des Kapitalismus*. Für ihn war der Zusammenhang zwischen fortgeschrittenem kapitalistischen Wirtschaften und imperialistischen Kriegen eine ausgemachte Sache: «[S]olange das Privateigentum an den Produktionsmitteln besteht, [sind] imperialistische Kriege absolut unvermeidlich.»[25]

Dass dem Kapitalismus eine Tendenz zum Monopol innewohnt, hatte schon Lenins Vordenker Karl Marx nachzuweisen versucht.[26] Fünfzig Jahre nach Veröffentlichung des Marx'schen *Kapitals* behauptete nun Lenin, die Monopolisierung der Wirtschaft habe ein neues Stadium des Kapitalismus eingeläutet, den Imperialismus:

> Der Imperialismus ist der Kapitalismus auf jener Entwicklungsstufe, wo die Herrschaft der Monopole und des Finanzkapitals sich herausgebildet, der Kapitalexport hervorragende Bedeutung gewonnen, die Aufteilung der Welt durch die internationalen Trusts begonnen hat und die Aufteilung des gesamten Territoriums der Erde durch die größten kapitalistischen Länder abgeschlossen ist.[27]

Große Konzerne, Trusts und vor allem das Finanzkapital seien immer wichtiger geworden, wie Lenin anhand unzähliger Wirtschaftsstatistiken nachzuweisen versucht. Einzelne privatwirtschaftliche Akteure würden immer mehr ökonomische Macht gewinnen und dann auch die Staatsapparate infiltrieren. Bemerkenswert ist die weitreichende Handlungsmacht, die Lenin im Laufe seiner Untersuchung dem Finanzkapital unterstellt. Beispielsweise heißt es an einer Stelle: «Nimmt das amerikanische und sonstige Finanzkapital [...] jetzt etwa nicht eine Neuaufteilung der Welt auf Grund neuer Kräfteverhältnisse vor [...]?»[28] Die Finanzkapitalisten sind hier nicht bloße Nutznießer einer «Neuaufteilung der Welt», sondern deren wahre Urheber. So als hätten sich einige amerikanische Bankiers zusammengesetzt, die globalen Grenzziehungen ausgeklüngelt und diese dann an die herrschenden Politiker durchgegeben, damit sie gewaltsam umgesetzt werden. Noch schärfer – fast schon verschwörungstheoretisch – wird Lenins Ton, wenn er im Folgenden behauptet, dass die «Finanzoligarchie [...] ein dichtes Netz von Abhängigkeitsverhältnissen über ausnahmslos alle ökonomischen und politischen Institutionen der modernen bürgerlichen Gesellschaft» gespannt habe.[29] Das Finanzkapital erscheint bei ihm als allmächtiger Akteur, der den Staat in der Tasche hat und dem Rest der Welt seine ökonomischen Interessen aufzwingt. Damit immer weitere Profite gemacht werden können, verlangt das (Finanz-)Kapital nach kriegerischer Expansion!

Diese Thesen mögen zwar eingängig sein – sie sind aber mehr als schief. Denn der Staat taucht hier überhaupt nicht mehr als eigenständiger Akteur auf, der über selbst gesteckte politische Ziele verfügt, sondern bloß als stummer Diener des Geldes. Das ist gleich in zweifacher Hinsicht falsch. Zunächst einmal hat das staatliche Ringen um internationale Einflussnahme viel mehr Facetten als nur den Konkurrenzkampf der Ökonomie. Es gibt unzählige Konflikte, in denen konkurrierende Herrscher sich um kleine Inseln oder Bergregionen streiten, die kaum ökonomische, aber umso mehr nationalistische oder religiöse Bedeutung haben.

Lenins Theorie entstand im Kontext des Ersten Weltkriegs, aber ausgerechnet auf diesen Konflikt lässt sie sich nicht sinnvoll übertragen. Zwischen 1914 und 1918 ging es ganz sicherlich nicht vorrangig um Kapitalprofite, sondern um die «Konkurrenz der imperialistischen Staaten um den Status als Weltmacht», wie der bereits zitierte Gerhard Henke-Bockschatz festhält. «Demgemäß ging es in diesem Krieg darum, der anderen Seite den Verzicht auf Weltmachtpolitik aufzuzwingen. [...] Ziel war ein Frieden, der für längere Zeit die weitgehende Ausschaltung der anderen Seite als Weltmacht garantieren sollte.»[30]

Dass sich so viele junge Männer jahrelang in Schützengräben massakrieren mussten, lag sicherlich nicht daran, dass deutsche oder französische Finanzkapitalisten Rohstoffe und Absatzmärkte erobern wollten. Es waren die Machtansprüche der europäischen

Staaten, die den Krieg «notwendig» machten: Weil sie ihre jeweilige Einflusssphäre erhalten oder erweitern wollten, rüsteten die europäischen Staatschefs jahrzehntelang auf, schlossen unzählige Hinterzimmer-Deals – und zwangen ihre Bürger dann zum Waffengang.

Gerade an diesem großen imperialistischen Krieg blamiert sich Lenins gleichzeitig entstandene Imperialismustheorie komplett. Dafür gibt es neben der Eigenlogik staatlicher Machtpolitik noch einen zweiten Grund: die Schädlichkeit des Krieges für das Kapital im Ganzen.

Zwar mögen einige Unternehmen von bewaffneten Konflikten profitieren, doch für die meisten gilt das Gegenteil: Wer nicht gerade Rüstungsgüter produziert, der wird finanziell eher unter dem Krieg leiden. Schließlich werden dabei Produktionsstätten zerstört oder Arbeiter an die Front berufen, Handelspartner sanktioniert oder Devisen vom Staat zugeteilt. Wir müssen also differenzieren: *Einige* Kapitalfraktionen zehren in jedem Fall vom Krieg, während ein Großteil der Wirtschaft unter ihm ächzt.

Nun könnte man einwenden, dass der ökonomische Schaden, der durch den Krieg entsteht, durch einen späteren Sieg wettgemacht werden könnte. Aber auch das ist mehr als fraglich, wenn wir noch einmal den Ersten Weltkrieg heranziehen. Für die meisten Beteiligten wird er ein Verlustgeschäft gewesen sein: für die privaten Unternehmen sowieso, da der Krieg mit starker staatlicher Kontrolle der Wirtschaft und verringertem Handelsvolumen einherging. Aber das gilt auch für die Staaten, auf der Gewinner- wie auf der Verliererseite: Die Deutschen beispielsweise mussten aufgrund des Versailler Vertrags horrende Reparationszahlungen leisten, die die deutsche Wirtschaft über Jahre schwer belasteten; im siegreichen Frankreich hingegen waren die Kriegsschäden so immens, dass keine Reparationssumme dieser Welt den Krieg ökonomisch «lohnend» gemacht hätte.

Der einzige größere Profiteur des Ersten Weltkriegs waren die Vereinigten Staaten, da sich die europäischen Alliierten massiv in Amerika verschuldeten. Diese transatlantische Kooperation trug wesentlich dazu bei, dass in den folgenden Jahrzehnten eine Verschiebung vom britischen Sterling-Standard zur Dollar-Hegemonie stattfand.

Dass der maßgebliche ökonomische Profiteur des Ersten Weltkriegs ein Staat war, der mit dem Kriegsausbruch nichts zu tun hatte, lässt Lenins Theorie der zum Krieg treibenden Profitinteressen mehr als alt erscheinen. Das hält aber viele Linke (und auch Menschen, die sich keineswegs als links verstehen) nicht davon ab, bis heute nach Profiteuren zu suchen, die angeblich hinter den globalen Kriegen stecken. Da werden die Profitinteressen einiger Waffenhersteller als Ursachen des Krieges ausfindig gemacht, obwohl der *gesamtwirtschaftliche* Schaden den partikularen Nutzen um ein Vielfaches übersteigt.

Um nicht missverstanden zu werden: Natürlich gab und gibt es ökonomisch motivierte Eroberungsfeldzüge und militärische Konflikte aufgrund von Handelsbarrieren. Dies ist aber nicht der Regelfall in modernen Kriegen. Über die obsessive Suche nach angeblichen Profiteuren und Verursachern sagte der Marxist Theo Ebel einst:

> Ich erinnere mich an die 70er-Jahre, an den Vietnamkrieg. Blöd, wie wir damals noch waren, haben wir uns gefragt, was gibt es denn da für einen Rohstoff, was kann man denn da holen, warum führen die denn den Krieg da? Was hat denn das Kapital davon? Schließlich ist ein Schlaumeier hergekommen und hat festgestellt, daß es tatsächlich vor der Küste von Vietnam Ölvorkommen gibt. Was waren wir begeistert. Es hat nur nicht gestimmt. Anderes Beispiel. Selbst beim Falklandkrieg ist mir eine Spartakistin untergekommen, die auch schon wieder Öl entdeckt haben wollte auf den Falklandinseln, dabei gibt es da nur Schafe.[31]

Auch hier soll im Folgenden davon ausgegangen werden, dass es nicht partikulare Kapitalinteressen sind, die wesentlich hinter militärischen Konfrontationen stecken – sondern die Staaten mit ihren Macht- und Gewaltansprüchen.

Der Staat – Geschöpf und Urheber der Gewalt

Denn wir dürfen nicht vergessen: Staaten sind zuallererst einmal nichts weiter als Gewaltapparate – gerade dafür loben viele Staatstheoretiker ihren Untersuchungsgegenstand. Dass der Staat die Gewalt monopolisiert, also Regeln darüber aufstellt, welche Gewalt im Inneren seines Gemeinwesens erlaubt und welche verboten ist, ist sein wesentlichstes Merkmal. Hierin liegt beispielsweise für Thomas Hobbes das zivilisierende Element des Staates: Für ihn ist klar, «daß sich die Menschen, solange sie ohne eine öffentliche Macht sind, die sie alle in Schrecken hält, in jenem Zustand befinden, den man Krieg nennt, und zwar im Krieg eines jeden gegen jeden.»[32]

Von dieser Theorie, der zufolge der Naturzustand des Menschen aus Mord und Totschlag besteht, kann man halten, was man will. Es mag durchaus sein, dass die Menschheit immer *irgendeine* Form öffentlicher Gewalt brauchen wird – Menschenbilder sollen an dieser Stelle nicht diskutiert werden. Aber selbst wenn man von dieser pessimistischen Annahme ausgeht und den Staat dafür lobt, dass er die permanent drohende Gewalt aller gegen alle unterbindet, stellt sich doch eine Frage: Wieso braucht es von dieser Art Gewaltinstanz eigentlich mehrere? Wenn der Staat, wie behauptet wird, vor allem die Funktion hat, Gewalt zu *verhindern* – wieso gibt es dann eine Vielzahl von Staaten, die sich bis an die Zähne bewaffnen und dann oft genug ihre Bürger aufeinanderhetzen? Wieso wird der angeblich gewalttätige Naturzustand der Menschen dadurch eingehegt, dass sie verfeindeten Souveränen untergeordnet werden, die den «Naturzustand» der Gewalt auf erweiterter Stufenleiter immer und immer wieder aufführen?

Einem wirklichen Funktionalismus ist die Vielzahl der in der Welt befindlichen Staaten wohl kaum geschuldet, sondern vielmehr der Tatsache, dass es sich bei ihnen eben nicht um Vertrags-, sondern um Gewaltgeschöpfe handelt. Staaten entstehen nicht, weil eine Gruppe von Menschen basisdemokratisch dazu übereinkommt, einer höhergeordneten Instanz das Gewaltmonopol zu übertragen. Hierbei handelt es sich um eine idealistische Fiktion, die schon Friedrich Nietzsche mit drastischen Worten verwarf:

> Dergestalt beginnt ja der «Staat» auf Erden: ich denke, jene Schwärmerei ist abgethan, welche ihn mit einem «Vertrage» beginnen liess. Wer befehlen kann, wer von Natur «Herr» ist, wer gewaltthätig in Werk und Gebärde auftritt – was hat der mit Verträgen zu schaffen![33]

Es ist natürlich unsinnig, dass manche Menschen «von Natur ‹Herr›» sind. Dennoch weist Nietzsche völlig zu Recht darauf hin, dass moderne Staaten nicht das Ergebnis von friedlichen Absprachen, sondern von Gewalt sind. Staaten sind die Geschöpfe von Jahrhunderten von Kriegen; sie sind Ausdruck davon, dass irgendwann einmal Menschen über andere Menschen Macht erlangt haben und dass sie diese immer weiter ausbauen konnten. Besonders bündig hat das der amerikanische Historiker und Politologe Charles R. Tilly zusammengefasst: «Krieg schafft Staaten [...]. Banditentum, Piraterie, Bandenrivalität, Polizeiarbeit und Kriegsführung gehören alle auf dasselbe Kontinuum.»[34]

Krieg schafft Staaten: Diese These mag denjenigen sauer aufstoßen, die sich den Staat als einen von unten gewachsenen Dienstleister am heimischen Volk vorstellen wollen. Aber es kann sich ja einmal jeder selbst fragen, welcher Staat *nicht* das Ergebnis von Kriegen ist.*

Warum überhaupt dieser staatstheoretische Einschub? Weil die Art und Weise, wie man über die Genese von

* Die meisten Leserinnen und Leser dieses Buches werden sich in Deutschland befinden, dessen Territorium im letzten Jahrhundert infolge zweier selbst begonnener (und verlorener) Kriege jene Gestalt angenommen hat, die es heute besitzt. Es sind im Regelfall Kriege (und nach den Kriegen Verhandlungen), die immer wieder dafür sorgen, dass die politische Landkarte der Welt sich wandelt.

Staaten nachdenkt, entscheidend für die Frage ist, wie man sich zu Kriegen positioniert.

Wenn man dem Idealismus anhängt, dass die modernen Staaten allesamt Gesellschaftsverträgen entspringen, bedeutet das konsequent zu Ende gedacht Folgendes: Die Menschen bilden eine Vielzahl von Völkern und brauchen dann eigene Gewaltmonopolisten, weil sie – so die gängige Annahme – wesentlich verschieden sind. Wenn es zu Kriegen kommt, entspringen diese einzig und allein der Verschiedenheit der Menschen, der Krieg ist Folge eines vorausgesetzten Gegensatzes zwischen ihnen.

Wenn man hingegen davon ausgeht, dass Staaten kontingent gewachsene Gewaltmonopolisten sind, die sich ihr eigenes Volk erst selbst geschaffen haben, dann bedeutet der Krieg etwas völlig anderes: nämlich, dass Menschen aufeinandergehetzt werden, die nur deshalb in einem Antagonismus zueinander stehen, weil man sie dazu in Friedenszeiten erzieht und ihnen im Krieg befiehlt, diesen Gegensatz mit Gewalt auszutragen.

Offenkundig hänge ich letzterer Annahme an. Für mich sind die verschiedenen Staaten dieser Welt nicht Ausdruck davon, dass die Menschen wesentlich verschieden wären und unzählige, ihrer nationalen Eigenart entsprechende Gewaltmonopolisten bräuchten. Einmal polemisch gefragt: Was hat man eigentlich für ein Menschenbild, wenn man davon ausgeht, dass die Menschheit aufgrund kultureller Differenzen sich nur begegnen und verständigen kann, wenn sie permanent

Atomwaffenarsenale und andere Vernichtungsmittel aufeinander richtet (und einsetzt)?

Staaten sind für mich Herrschaftskonstrukte, deren Existenz für die Untertanen alles andere als funktional ist. Der Staat ist kein Dienstleister am Volk, der gnädigerweise Sicherheit und andere Wohltaten gewährt, sondern spannt umgekehrt seine Bürger für die eigenen Zwecke ein, von denen sie oftmals wenig haben. Um einmal Karl Marx zu paraphrasieren: Staatsbürger zu sein, ist kein Glück, sondern ein Pech! Denn dass die knapp acht Milliarden Menschen auf unserem Planeten verschiedenen Staaten untergeordnet sind, schafft allerlei künstliche Antagonismen zwischen ihnen.

Blicken wir einmal auf das Gebiet der Ökonomie, anstatt nur über den Krieg zu referieren. Hier können wir diese künstlichen Antagonismen in ebenso reiner Form sehen. Ein jeder Staat achtet sehr genau darauf, dass die heimischen Wachstumszahlen stimmen, was nur der Fall ist, solange er «konkurrenzfähig» bleibt. Dieser Wettbewerb ist für die arbeitenden Menschen jedoch kein fröhliches Spiel oder Sport-Event. Gerade in Deutschland weiß man nach den letzten Jahrzehnten recht gut, was «Konkurrenzfähigkeit» bedeutet. Die Agenda 2010 wurde umgesetzt unter vehementem Verweis darauf, dass Deutschland der «kranke Mann Europas» sei. Die Kur, die den Deutschen verordnet wurde, um im Verhältnis zum Rest des Kontinents wieder «gesund» zu werden, lautete folgerichtig: Senkung der Sozialleistungen, Schaffung eines Niedriglohnsektors und massenhafte Verarmung.

Diese Kur hatte dann Folgen für die angeblich viel zu hohen Lohnforderungen von deutschen Arbeitern, die Wirtschaftsweisen und Top-Ökonomen bis in die Gegenwart zu schaffen machen: Aufgrund der gesunkenen Sozialstandards wurden Lohnerhöhungen immer schwieriger durchsetzbar, und für breite Bevölkerungsschichten blieben sie in den vergangenen Jahren ein ferner Traum. Der Staat stellte also die Wettbewerbsfähigkeit seiner heimischen Wirtschaft wieder her, indem er die materiellen Lebensbedingungen seiner Bürger zurechtstutzte. Seitdem erfreute sich die deutsche Wirtschaft einiger weiterer satter Jahre – auch wenn die gegenwärtige Wirtschaftskrise diesen Trend infrage stellt (und zu weiteren Diskussionen über die Höhe des Bürgergeldes und der Löhne führt).

Um einmal eine persönliche Anekdote anzubringen: Im Frühling 2020 war ich als Journalist in einem Thüringer Unternehmen zu Besuch, das Bohrer für die Raumfahrttechnik herstellt. Nach der Wiedervereinigung war der ehemalige volkseigene Betrieb durch die Hände einiger Investoren gegangen, bis er schlussendlich einem amerikanischen Konzern unterstellt wurde. Dieses Mutterunternehmen machte den Thüringer Mitarbeitern nun klar: Wenn sie nicht einer Verschlechterung ihrer eigenen Arbeitsbedingungen zustimmen würden, dann wäre die Verlagerung der Produktion nach China oder Polen eine ausgemachte Sache.

Der Gewerkschaftskampf bestand nun nicht mehr (wie eigentlich üblich) in einer Forderung nach höheren Löhnen oder kürzeren Arbeitszeiten. Stattdessen musste nach möglichen Zugeständnissen an die Arbeitgeber gesucht werden, um zumindest für ein paar weitere Jahre eine Beschäftigungsgarantie zu erhalten.

An diesem Beispiel können wir sehen, was die internationale Konkurrenz kapitalistischer Nationalstaaten für normale Bürger bedeutet: dass sie sich beständig fragen müssen, ob sie nicht «zu teuer» sind, ob es ihnen nicht viel «zu gut» geht. Denn irgendwo anders auf der Welt könnte sich für das eigene Unternehmen ja eine günstigere Investitionschance ergeben, sodass man sich jede Forderung nach höheren Löhnen besser zweimal überlegen sollte.

So ergeht es nun, während ich dieses Buch schreibe, auch den Angestellten von VW, deren Vorstand über 10 Prozent Lohnverzicht fordert, um Massenentlassungen zumindest hinauszuzögern.

Was in diesen beispielhaft genannten Unternehmen praktiziert wurde und wird, das erleben wir immer, wenn Staaten miteinander konkurrieren: Sie nötigen ihre Bürger dazu, das eigene Interesse hinter das des Landes zurückzustellen. Im Wirtschaftsleben bedeutet das Lohnverzicht fürs heimische Wirtschaftswachstum, im Krieg bedeutet es, für das eigene Land notfalls zu sterben.

Der Staat ist also kein nützlicher Diener des Volkes, sondern umgekehrt: Das Volk ist dem Staat und seinen

Zielen ausgeliefert. Ganz im Sinne von John F. Kennedys meist zustimmend zitierten Worten: «Fragt nicht, was euer Land für euch tun kann – fragt, was ihr für euer Land tun könnt.»

Kein Grund für Parteilichkeit

Dass Staat und Gewalt dasselbe sind, gilt nicht nur nach innen, sondern auch nach außen: Erst durch seine Fähigkeit, Krieg zu führen, wird ein Staat zum Subjekt innerhalb der internationalen Staatenwelt. Anerkannt wird nur, wer seine Grenzen zu setzen und verteidigen weiß. Jeder moderne Staat ist das Ergebnis von vergangenen Kriegen und Grenzziehungen.

Umso hohler erscheint in diesem Licht die ständige Empörung von Staatschefs, wann immer andere Regierende zum Krieg schreiten. Schließlich liegt es auf der Hand, dass Staaten, die selbst nur das Ergebnis von Krieg sind, immer wieder neuen produzieren – auch wenn sie bevorzugt andere Begriffe dafür gebrauchen, etwa «militärische Spezialoperation» oder «Terrorismusbekämpfung».

Um noch einmal abstrakt zu werden: Für die Bürger unserer fiktiven Staaten X und Y ergibt sich aus alldem eine mehr als komplizierte Gemengelage. Sie müssen gegen Angehörige des jeweils anderen Staates kämpfen, obwohl sie keinerlei persönliche Probleme mit diesen haben. Ihnen wird eingeredet, dass der jeweils feindliche Staat die Verkörperung des puren Bösen in der Welt sei und dass sie nur unter der bestehenden Herrschaft ein menschenwürdiges Leben führen können.

In Wahrheit jedoch sieht es anders aus: Unsere Staaten X und Y betrachten ihre Bürger beide bloß als zu verheizendes Menschenmaterial, sodass *beide* Staatsapparate für alle Kämpfenden und Zivilisten gleichermaßen eine Gefahr darstellen.

Die Männer aus Staat X müssen in Staat Y einmarschieren, ob sie wollen oder nicht. Wenn sie sich weigern, machen sie sich den eigenen Staat zum Feind. Sie landen dann im besten Fall im Gefängnis, oder sie werden standrechtlich erschossen. Wenn sie dem Befehl Folge leisten, dann wird die militärische Widerwehr des Staates Y für sie zur Bedrohung.

Die Männer aus Staat Y sind hingegen einerseits durch die Soldaten aus Staat X bedroht. Andererseits wird auch ihr eigener Staat für sie zur Gefahr, da er sie nicht flüchten lässt und in den Kampf zwingt. Letztlich ist der Krieg der beiden Staaten X und Y ein Kampf der Staatschefs gegen *alle*, wie die französische Philosophin Simone Weil in ihren *Gedanken über den Krieg* festhält:

> Da dieser Führungsapparat den Feind nur schlagen kann, indem er seine eigenen Soldaten in den Tod schickt, verwandelt sich der Krieg eines Staates gegen einen anderen Staat schnell in einen Krieg des militärischen Staatsapparats gegen

seine eigene Armee, und der Krieg stellt sich letzten Endes als ein Krieg dar, den die Gesamtheit der Staatsapparate und Generalstäbe gegen die Gesamtheit der wehrfähigen Männer führt.[35]

Eigentlich müssten die vom Krieg betroffenen Soldaten in den eigenen wie den fremden Staatsapparaten ihren Feind sehen. Denn es sind die Staatenlenker, die für ihre Macht über die Leichen eigener und fremder Bürger gehen und die dabei auch die Zerstörung ganzer Städte und Landstriche in Kauf nehmen. In ihrem totalitären Anspruch – dass das Leben des Einzelnen weniger gilt als die politische Souveränität der Herrschenden – sind angreifende und verteidigende, demokratische und diktatorische Staaten sich völlig gleich.

Damit wird unwichtig, ob der Krieg defensiv oder offensiv, imperialistisch oder national ist; jeder kriegführende Staat muss sich dieser Methode bedienen, sobald sie vom Feind angewandt wird.[36]

Es gibt so gesehen keinen Grund für Parteilichkeit, wenn die Staaten dieser Welt ihre Bürger aufeinanderhetzen. Wer sich in Kriegen mit einzelnen Staaten gemeinmacht statt mit den betroffenen Menschen auf *beiden* Seiten, der akzeptiert das oben beschriebene Prinzip, dass einige wenige Herrscher ihre Untertanen nach Gutdünken instrumentalisieren dürfen. Eine tatsächlich universalistische Haltung bestünde darin anzuerkennen, dass angreifende wie verteidigende Soldaten ihren Staaten gleichermaßen hilflos ausgeliefert sind. Wer gegen den Krieg ist, der sollte jede einseitige Parteinahme für Staaten unterlassen und die Unterteilung der Welt in konkurrierende Gewaltmonopolisten kritisieren.

Dennoch herrscht überall auf der Welt die moralische Pflicht, sich in laufenden Kriegen bedingungslos auf eine Seite zu schlagen. Nicht nur in den direkt beteiligten Ländern ist das der Fall. In Deutschland beispielsweise ist die persönliche Betroffenheit der Bundesbürger im Regelfall gering, wenn sie abends in der *Tagesschau* über das Geschehen in Kriegsgebieten unterrichtet werden. Im Anschluss aber machen sie sich eifrig Gedanken darüber, welcher verbündete Staat nun welche Mengen an Vernichtungsmitteln braucht, um eine feindliche terroristische oder staatliche Macht zu besiegen – oder ob der Feind nicht auch ein Mindestmaß an Verständnis und Parteilichkeit verdient.

Dass man sich als einfacher Bürger in die Probleme der konkurrierenden Staaten hineindenkt, führt dann zu völlig absurden Fragen. Wie viele Raketen mit welcher Reichweite und Zerstörungskraft es braucht, um dem Feind standzuhalten; welches Verhältnis ermordeter Frauen, Kinder und männlicher Zivilisten auf einen Soldaten noch als «verhältnismäßige Selbstverteidigung» gelten darf; ab wann man, umgekehrt, von «kollektiver Bestrafung» sprechen muss: Solche

Dilemmata stellen sich normale Bürger, so als ob *sie* es wären, die darüber zu entscheiden hätten.

Wahrscheinlich würde kaum ein Bürger, dem man die Frage stellte, wie die Welt im besten Fall organisiert sein sollte, antworten: «Es braucht an die zweihundert Staaten, die sich permanent mit Waffen drohen und sie in unregelmäßigen Abständen dann auch einsetzen!» Dennoch akzeptieren die meisten Menschen ebendiese Aufteilung der Welt stillschweigend und denken sich permanent Lösungen für Probleme aus, die es in einer sinnvoll organisierten Weltgemeinschaft nicht gäbe.

Aus dieser Kritik lässt sich keine realpolitische Haltung oder Strategie ableiten. Die Schaffung eines einigen Weltstaates, in dem die Menschen nicht mehr in Konkurrenz zueinander leben, steht derzeit garantiert nirgends zur Debatte. Ich gebe es gern zu: Ich habe keine konstruktive, realistische Lösung im Angebot. Das Problem der nicht existierenden Handlungsmacht in Fragen internationaler Gewalt gilt aber nicht nur für mich, sondern für beinahe alle Menschen weltweit. Auch der nachdenkliche Staatsbürger, der sich nach den Abendnachrichten fragt, welche Eskalation eines befreundeten Staates gerade nottut, ohne eine noch schlimmere Eskalation von der anderen Seite zu provozieren, hat die Gewaltmittel nicht selbst in der Hand. Für ihn ist nur die Stelle des nützlichen Idioten reserviert, der im Ernstfall – wenn sein eigener Staat es ihm abverlangt – kämpfen und sterben darf.

Man muss gedanklich bereits völlig mit den Machthabern dieser Welt verschmolzen sein, um sich ernsthaft die Frage zu stellen, wie viele Männer, Frauen, Alte und Kinder man für eine gerechte Sache töten darf. Es ist das eine, dass die Staaten dieser Welt einen totalen Zugriff auf ihre Untertanen haben. Mit welcher Selbstverständlichkeit und Affirmation die meisten Bürger sich aber darauf beziehen, kann einen wundernehmen. Wieso sollte man sich überhaupt für eine Seite entscheiden, anstatt die Kriegsgründe aller Staaten unvoreingenommen zu erklären und zu kritisieren? Das fragen auch die Autoren der marxistischen, staatskritischen Zeitschrift *GegenStandpunkt*:

> Denn das geht ja immerhin: sich und allen, die bereit sind zuzuhören, den Krieg und seine Gründe [...] *erklären*. Hoffnung [...] kann man daraus zwar bestimmt nicht schöpfen. Aber wenigstens ist man dann nicht auch noch mit der eigenen Urteilskraft das Spielmaterial der großen bewaffneten Rechthaber.[37]

Ein vorläufiges Fazit

Erklärt werden sollte, worin der Sinn des Krieges besteht: Er dient Staaten dazu, ihre Machtansprüche zu erhalten und zu erweitern. Dafür sind sie bereit, das Leben ihrer Bürger dem «großen Ganzen» unterzuordnen, von dem diese kaum etwas haben.

Blicken wir uns aber einmal in der politischen und medialen Gegenwart um, verlassen wir endgültig die Abstraktionen von X und Y, dann sehen wir: Selbst Liberale, die im Regelfall jede noch so geringfügige Einschränkung der individuellen Freiheit für eine totalitäre Zumutung halten, wissen dazu niemals auch nur *ein* kritisches Wort zu sagen.

Es ist schlicht unglaublich: Publizisten, die bereits in einer Geschwindigkeitsbegrenzung auf der Autobahn den Weg zur Knechtschaft wittern, Ökonomen, die in der kleinsten steuerlichen Mehrbelastung des reichsten Prozents stalinistische Kollektivierung erahnen – sie alle halten diese unvergleichliche Einschränkung der Freiheit für eine objektive Notwendigkeit, der sie noch nicht einmal ein «leider» voranstellen.

Auch Politikern, die jeden Tag vorgeben, für die Freiheit zu kämpfen, fällt es im Traum nicht ein, diesen Sachverhalt zu kritisieren. Erinnert sei an die Plakatkampagne der FDP im vergangenen Europawahlkampf, die Marie-Agnes Strack-Zimmermann als «Oma Courage» betitelte, während diese nicht müde wurde, Waffen, Waffen und noch mehr Waffen für die gerechten Kriege befreundeter Staaten zu fordern. Welches Zeichen die deutschen Liberalen damit senden wollten, ihre Spitzenkandidatin mit Bertolt Brechts zynischer Kriegsgewinnlerin zu assoziieren,* wird ihr ewiges Geheimnis bleiben. Ungewollt aber haben sie damit klargestellt, was für eine Freiheit sie für verteidigenswert halten. Zu dieser Freiheit gehört es, dass die einen mit zweihundert Stundenkilometern über die Autobahn brettern, während die anderen in überfüllten Bahnen stehen; dass die einen ihr drittes Feriendomizil erwerben, während die anderen unter Brücken schlafen. Für diese Freiheiten kämpfen Liberale mit voller Inbrunst. Wenn es aber andererseits um den Krieg geht, dann gilt die Freiheit des Individuums ihnen nichts mehr; dann darf der Staat ganz frei über seine Bürger verfügen.

* Für diejenigen, die mit Brechts Dramen weniger vertraut sind, eine kurze Erklärung: Die Mutter Courage ist eine Marketenderin, die zur Zeit des Dreißigjährigen Krieges durch die Lande zieht und Alltagswaren zu teuren Preisen verkauft. Auch nachdem sie ihre drei Kinder an den Krieg verloren hat, will sie sich diesen «nicht madig machen» lassen. Sie singt ihr zynisches Lied, während sie neuen Geschäften entgegenreist: «Das Frühjahr kommt! Wach auf, du Christ! / Der Schnee schmilzt weg! Die Toten ruhn! / Und was noch nicht gestorben ist / Das macht sich auf die Socken nun.»

Es ist grotesk: Während Liberale schon in jeder Forderung nach mehr Sozialstaat oder ökologischer Planung einen repressiven Kollektivismus wittern, der an die dunkelsten Kapitel des 20. Jahrhunderts erinnert, fordern sie im Kriegsfall von allen jungen Männern (und vielleicht bald auch von Frauen), sich in Reih und Glied einzuordnen.

Und damit kein zu großer Widerspruch aufkommt, wissen sie dafür «gute Gründe» anzugeben.

II.

Der Unsinn des Krieges

Kriege sind nicht sinnlos – so viel sollte nach dem ersten Kapitel klar geworden sein. Sie sind die Art und Weise, wie konkurrierende Staaten ihre Interessengegensätze in letzter Instanz austragen, wenn alle anderen möglichen Formen erpresserischer Politik (Diplomatie, Wirtschaftssanktionen etc.) gescheitert sind.

Aber auch wenn Kriege einen Sinn haben, gehen sie doch mit immens viel Unsinn einher. Wenn Politiker ihren Bürgern klarmachen wollen, wieso der eigens begonnene Krieg dringend sein muss oder wieso ein befreundeter Staat bedingungslose Unterstützung in seinem Angriff oder seiner Verteidigung verdient, dann können sie das kaum auf intellektuell redliche Weise tun. Die Bürger haben von diesen Kriegen ja nichts, im Gegenteil: Sie riskieren ihr eigenes Leben oder müssen zumindest Verminderungen der materiellen Lebensqualität in Kauf nehmen.

Dementsprechend sind Regierungserklärungen, Nachrichtensendungen und andere staatstragende Erzeugnisse voll von ideologischen Rechtfertigungen des Krieges – die oftmals sehr suggestiv sind. Um ein paar der beliebtesten argumentativen Manöver soll es im Folgenden gehen – vor allem um solche, die in den letzten Jahren besonders häufig zu beobachten waren.

Heimat und Nation sind in Gefahr!

> Die Vaterlandsliebe wird schon dadurch beeinträchtigt, daß man überhaupt keine richtige Auswahl hat. Das ist so, als wenn man die lieben soll, die man heiratet, und nicht die heiratet, die man liebt. Warum, ich möcht zuerst eine Auswahl haben. Sagen wir, man zeigt mir ein Stückel Frankreich und einen Fetzen gutes England und ein, zwei Schweizer Berge und was Norwegisches am Meer und dann deut ich drauf und sag: das nehm ich als Vaterland; dann würd ichs auch schätzen. Aber jetzt ists, wie wenn einer nichts so sehr schätzt wie den Fensterstock, aus dem er einmal heruntergefallen ist.[38]

Mit diesen Worten kritisiert Bertolt Brecht in seinen *Flüchtlingsgesprächen* die Vaterlandsliebe. Und in der Tat: Dieser haftet immer etwas Wahlloses an. Den Ort der eigenen Herkunft (und die damit einhergehende Lebensweise) hat man sich schließlich nicht selbst ausgesucht, und wahrscheinlich wäre man andernorts mit anderen Sitten ebenso glücklich geworden.

Dennoch möchte ich an dieser Stelle nicht gegen jedes positive Verhältnis zur Heimat wettern. Solche Gefühle sind zwar oftmals irrational, können aber völlig harmlos sein: Dass man sich an einem Ort wohlfühlt und dessen kulturelle Eigenarten schätzt, bedeutet noch lange nicht, dass man das Bedürfnis entwickelt, sich chauvinistisch über die Menschen an anderen Orten der Welt zu erheben (oder gar gewalttätig gegen sie zu werden).

Einen solchen Pragmatismus lässt aber kein Staat seinem Volk durchgehen. Moderne Bürger sollen nicht nur ihre zufällige Heimat und deren Bräuche schätzen, wie es bei Brecht anklingt. Darüber hinaus sollen sie diese mit dem Vaterland identifizieren – selbst wenn es sich bei Heimat- und Vaterlandsliebe eigentlich um zwei völlig verschiedene Dinge handelt (die auch bei Brecht durcheinandergeraten): Erstere bedeutet eine positive Einstellung vis-à-vis dem lokalen Umfeld und dessen Traditionen, Letztere meint die begeisterte Identifikation mit einem Nationalstaat.

Um hierfür ein Beispiel zu geben: Dass ein Oberbayer und ein Norddeutscher sich beide als Deutsche verstehen und ihr gemeinsames «Vaterland» lieben, hat mit Heimat erst einmal überhaupt nichts zu tun. Ginge es um diese, dann müsste der Oberbayer sich eher gen Süden orientieren: In Teilen von Österreich wird er eine ihm ähnlichere Lebensweise entdecken als in Bremen, Hamburg oder Kiel. Dennoch sehen sich viele Oberbayern als stolze Deutsche und lieben ihr «Vaterland».* Dieser Patriotismus entspringt nicht irgendeiner kulturellen Ähnlichkeit oder Werten, die mit dem Rest des Landes geteilt wären. Dass Oberbayern und Norddeutsche (trotz verschiedener Mundart, Religion usw.) demselben Volk angehören, liegt einzig und allein daran, dass ihnen der Staat diesen Stempel aufgedrückt hat.

All das wollen herrschende Politiker ihre Untertanen natürlich vergessen machen. Sie möchten, dass die Bürger sich als großen Interessenverband verstehen, der sich auf Grundlage gemeinsamer Werte oder einer geteilten «Leitkultur» zusammengefunden hat. Nur wenn diese Täuschung gelingt, kann der Staat sicher sein, dass sein Volk ihn (als politische Heimat) verteidigen wird: Heimat, Staat und Volk müssen zur untrennbaren Dreifaltigkeit verschmelzen.

Ein besonders schönes Beispiel dieses eigenartigen Schlusses von der Heimatliebe auf den Patriotismus gibt uns Ernst Jünger in seinen Weltkriegserinnerungen *In Stahlgewittern*. Nach einer Verletzung gleich zu Beginn des Krieges kehrt der verwundete Erzähler nach Hause zurück und schwärmt von der Bahnfahrt:

* Hiermit soll nicht angedeutet werden, dass sich doch stattdessen Oberbayern und Österreicher zusammentun und einen Staat gründen sollten, um sich dann bis an die Zähne zu bewaffnen. Es soll lediglich gezeigt werden, wieso kein logischer Schluss von der emotionalen Bindung zur heimischen Region oder zu deren Bräuchen zur Vaterlandsliebe führt.

> Der Zug brachte uns nach Heidelberg. Beim Anblick der von blühenden Kirschbäumen bekränzten Neckarberge empfand ich ein starkes Heimatgefühl. Wie schön war doch das Land, wohl wert, dafür zu bluten und zu sterben. So hatte ich seinen Zauber noch niemals gespürt. Gute und ernste Gedanken kamen mir in den Sinn, und ich ahnte zum ersten Male, daß dieser Krieg mehr als ein großes Abenteuer bedeutete.[39]

Diese Logik ist eine Unlogik. Was Jünger verspürt, ist mehr als ein bloßes «Heimatgefühl». Denn was tut es eigentlich den Bergen oder Bäumen, wenn sie in fremde Hand fallen? Der Landschaft, der sich der Erzähler seit Kindestagen emotional verbunden fühlt, kann es gleich sein, wer über ihre Menschen regiert, und auch die Schönheit der Natur bleibt davon unangetastet. Jünger vollzieht (ohne dies explizit zu machen) einen widersinnigen Schluss: Heimat, Landschaft, Herrschaft – alles eins!

Der Krieg, in dem sich Jünger befindet, dient aber sicherlich nicht den Bergen und Bäumen, die er so liebt. Dass sich in Frankreich junge Männer in Schützengräben massakrieren, nützt keinem Stück Land in Südwestdeutschland – was sollte das überhaupt bedeuten? Es bleibt von den weit entfernten Kämpfen schließlich unberührt. Getötet wird (im Falle Ernst Jüngers) für den Kaiser und dessen Militärapparat. Und käme der Krieg tatsächlich infolge einer Frontverschiebung in die Heimat, dann wäre es für die dortigen Bäume wahrscheinlich sogar besser, wenn schnell kapituliert würde, schließlich droht ihnen sonst die Zerstörung.

Einen folgsameren Untertan kann sich keine Regierung wünschen: Bei Jünger erscheint der existierende Nationalstaat als ultimative Lebensbedingung der Bürger und ihrer heimatlichen Lebensweise. Folglich muss der Staat verteidigt werden gegen Fremdherrschaft – und dieses Interesse hat das gesamte Volk zu teilen. Alle Differenzen und Antagonismen *innerhalb* des Volkes müssen der Vergangenheit angehören: Es gibt keine Parteien mehr, auch keine Arbeiter und Kapitalisten, sondern nur noch Deutsche!

Mit dieser ideologischen Überzeugungsarbeit waren so ziemlich alle modernen Nationalstaaten in den vergangenen Jahrhunderten erfolgreich. Sie haben damit erreicht, dass «sich ihr Volk als solches aufführt und sich statt als Gemeinschaft der Untertanen einer gemeinsamen Herrschaft als Angehörige einer echt ursprünglichen Wertefamilie sehen will».[40] Moderne Staatsbürger lieben ihr Land, sind überzeugt davon, einem besonders feinen Kollektiv anzugehören, und nehmen alle Härten, die damit einhergehen, billigend in Kauf.

Dass die meisten Menschen hierzulande und andernorts diese Ideologie internalisiert haben, der zufolge sie sich von anderen Völkern wesentlich unterscheiden und diese Differenzen notfalls kriegerisch austragen müssen, macht sie nicht richtig. Ein Volk ist keine Schicksalsgemeinschaft, in der alle an einem Strang ziehen und von dieser Anstrengung gemeinsam profitieren: Es ist gespalten in arm und reich, in Profiteure und Verlierer der herrschenden Ordnung.

Dass jeder Staat seine eigene Klassengesellschaft verwaltet, wird gern kaschiert in nationalistischen Formulierungen von «unserem Wohlstand», «unseren Steuergeldern» oder «unseren Grenzen». Das nationale «Wir», das heraufbeschworen wird, ist eine verlogene Fiktion: Erweckt werden soll der Eindruck, dass der Nationalstaat ein gemeinsames Projekt sei, das nur zum Nutzen der Bürger ins Leben gerufen wurde – auch wenn das Gegenteil der Fall ist, wie schon in Kapitel I ausgeführt wurde.

Wer derart nationalistisch erzogen wurde, also nur noch aus der Perspektive des eigenen Staates die Welt betrachtet, der wird im schlimmsten Fall auch Einsicht zeigen in die Notwendigkeit, für dessen Souveränität zu sterben – damit die eigenen Kinder es weiterhin schön heimelig haben können in «ihrem» Land, das angeblich ganz ihrer kulturellen und sittlichen Eigenart entspricht. Das Lob der Heimat, die sogleich mit dem ganzen Land und der Nation in eins gesetzt wird, verwandelt sich so in ein Lob des Krieges.

Was, wenn Ihr Nachbar Sie überfällt?

Um die gerechte Gewalt zu loben, evozieren Politiker und Personen des öffentlichen Lebens gerne Szenen aus der ihnen vertrauten Lebenswelt, um diese dann mit Kriegsgräueln zu vergleichen. Nach Ausbruch des Krieges in der Ukraine konnte man solche Analogien fast täglich lesen oder hören, etwa auf Twitter, wo die Moderatorin Mareile Ihde schrieb:

> Wer findet, die Ukraine müsse einsehen, dass sie keine Chance habe, und sich ergeben, findet vermutlich auch, dass geprügelte Frauen ihr Schicksal einsehen, die Schnauze halten und sich ihrem stärkeren Mann ergeben sollten.[41]

Auch deutsche Kleinkünstler übten sich in solchen Vergleichen. Beispielsweise der Musiker Lars Reichow, der seiner Fantasie im ZDF freien Lauf ließ:

> Stellt euch bitte vor, eines Tages überfällt euch der Nachbar. Er durchbricht den Gartenzaun, er erschlägt die Kinder, er vergewaltigt die Mutter dieser Kinder, er schießt auf das Haus. Ihr wehrt

euch, ihr holt Hilfe aus der Nachbarschaft, aus der Verwandtschaft. Du kämpfst gegen den Feind, dem du *nichts* getan hast, und irgendwann im Kampf gegen den Eindringling kommt der Nachbar von der anderen Straßenseite und sagt: «Hey, hör mal! Ich habe wirklich Angst, dass er die ganze Siedlung zerstört. Kannst du nicht versuchen, einen Kompromiss mit ihm auszuhandeln? Gib ihm ein Viertel von deinem Garten. Und deine Frau, wenn sie ihm doch so gut gefallen hat. Das Trampolin brauchst du nicht mehr.»[42]

Nun ist das so eine Sache mit lebensweltlichen Vergleichen, die man zur Unterfütterung der eigenen Kriegsmoral heranzieht. Ich könnte von meiner individuellen Warte aus genauso gut behaupten, Krieg sei wie eine Streitigkeit im Sandkasten: Als Kind wurde mir beigebracht, dass es egal sei, wer angefangen hat, es gehe stattdessen darum, zusammen eine Lösung zu finden – und auf einmal hätte ich eine wunderbare Rechtfertigung für Diplomatie und Verhandlungen anstelle von militärischer Verteidigung gefunden! Durch die Wahl geeigneter Beispiele kann man so ziemlich jede Haltung rationalisieren oder verächtlich machen.

Dennoch wollen wir uns die zuvor zitierten Beispiele einmal genauer ansehen. Beide vergleichen das Gewaltverhältnis zweier Staaten mit dem zwischen Privatpersonen: Wenn eine Frau von ihrem Mann geprügelt wird (oder ein Nachbar die eigene Familie umbringen will), dann ist das wie im Krieg? Mit Verlaub: Schiefer könnte ein Bild kaum sein.

Wenn eine Frau sich gegen einen gewalttätigen Mann wehrt – ob mit körperlicher Kraft oder juristischen Mitteln –, dann schützt sie ihr *eigenes* Leben vor dem Angriff einer anderen Person; selbiges gilt für den «Nachbarschaftsstreit». Bei einem Krieg ist es, wie wir in Kapitel I gesehen haben, völlig anders: Hier entsenden die Staatschefs des angegriffenen Landes Soldaten (und später auch Zivilisten), um die staatliche Souveränität zu verteidigen. Im einen Fall verteidigt sich also eine angegriffene Person selbst, im anderen Fall verfügen Machthaber über die Machtlosen und zwingen diese zur Vaterlandsverteidigung – ganz gleich, ob die Entsendeten dazu bereit sind oder ob sie sich nicht doch lieber in eine Kapitulation fügen würden.

In den ins Feld geführten Vergleichen verschwimmen solche Unterscheidungen vollständig. Es gibt nicht mehr einzelne Bürger, die unterschiedliche Haltungen dazu haben könnten, ob sie lieber kämpfen oder unter Putins Knute leben wollen: Nein, der gesamte Staat, vom Militärapparat bis hin zum letzten Bürger auf dem flachen Land, will kämpfen!

Während ich dieses Manuskript fertigstelle, sieht die Realität vollkommen anders aus: Nicht nur haben sich alle Hoffnungen westlicher Sicherheitsexperten auf einen ukrainischen Sieg als verfehlt herausgestellt, auch die Kampfbereitschaft in der Bevölkerung ist quasi inexistent (ungeachtet dessen, dass viele Männer und Frauen in der Ukraine kämpfen, solange ihnen keine andere Wahl bleibt). In der *Welt*, nicht gerade als Kampfblatt deutscher Putin-Versteher bekannt, wurde kürzlich darüber berichtet, wie sich ukrainische Männer zu Hunderttausenden vor den Einberufungsbehörden verstecken. Ein hochrangiger Militär wurde sogar mit folgenden Worten zitiert: «80 Prozent der Männer auf den Straßen Kiews wollen nicht in den Krieg.»[43]

Offenkundig fällt auch hier das Sicherheitsbedürfnis des Staates und das seiner Bürger auseinander, ähnliche Medienberichte mehren sich bereits seit einem knappen Jahr. Das hindert die zitierte Moderatorin aber nicht daran, bis in die jüngste Gegenwart im Kollektivsingular von «der Ukraine» zu schreiben.

Ich meine diese Frage nicht polemisch: Wenn man Volk und Führung derart als Symbiose denkt, in der alle Interessenunterschiede und öffentlichen Streitpunkte zugunsten des gemeinsamen staatlichen Projekts zurückgestellt werden – wie weit ist man dann eigentlich entfernt von der Idee einer Volksgemeinschaft und dem Autoritarismus, den man zu bekämpfen vorgibt?

Diese Frage würde ich am liebsten nicht nur den zwei zitierten Meinungsmachern stellen, sondern so ziemlich jeder Nachrichtenredaktion, in der permanent im

Kollektivsingular geschrieben wird.* Hierin liegt vielleicht die größte Unart journalistischen Schreibens: dass durch die gängigen Formulierungen permanent der Eindruck entsteht, im Krieg würden zwei Subjekte aufeinanderprallen, die sich durch absolute Geschlossenheit von Volk und Führung auszeichnen.

Nicht nur Intellektuelle und Künstler lieben solche personalisierenden, lebensweltlichen Vergleiche. Auch die Staaten selbst werben damit um Zustimmung zu Kriegsdienst und Waffenlieferungen. Die Journalistin Miriam Hollstein forderte im Juni 2024 die Wiedereinführung der Wehrpflicht und gab dabei folgende Anekdote zum Besten:

> Als ich noch ein Kind war, beriet mein Vater – ein Pfarrer – Kriegsdienstverweigerer. Junge Leute, die nicht bereit zum Dienst an der Waffe waren. Anders als später war es damals, in den Siebzigerjahren, keineswegs eine Selbstverständlichkeit, dass sie stattdessen Zivildienst leisten durften. Vielmehr mussten sie sich einem quälenden Verhör unterziehen, in dem ihnen Fragen wie jene gestellt wurden: «Stell dir vor, du bist mit

* Etwa: «Russland greift die Ukraine an», wo es heißen müsste: Wladimir Putin zwingt seine Soldaten, ins Nachbarland einzufallen und dort zu morden. Oder: «Die Ukraine verteidigt sich», wo es heißen müsste: Die ukrainische Staatsführung zwingt ihre Bürger zur Landesverteidigung, ganz gleich, ob diese wollen oder nicht.

> deiner Freundin im Wald unterwegs, ein Russe kommt daher und will sie vergewaltigen. Zufällig hast du eine Waffe in der Hand. Was tust du?» [...] Wer sagte, dass er natürlich seine Freundin, aber eben nicht sein Land mit der Waffe verteidigen würde, hatte sofort verloren.[44]

Wiederum ein zwar suggestives, aber irreführendes Beispiel. Wenn ich mit meiner Freundin durch den Wald gehen würde und sie mit einer «zufällig» in meiner Hand befindlichen Waffe vor einem Vergewaltiger schützen könnte, dann würde ich das selbstverständlich tun – allerdings völlig unabhängig von dessen Nationalität oder militärischem Rang. Ich hätte weder bei einem russischen Soldaten noch bei einem deutschen Zivilisten die geringsten moralischen Skrupel, einen Angriff mit eigener Gewalt abzuwehren (auch wenn ich meine kriegerischen Fähigkeiten nicht sonderlich hoch einschätze).

Suggeriert werden soll durch die gestellte Frage, dass die Vaterlandsverteidigung eigentlich nur dem Schutz wehrloser Frauen dienen würde – so als würden deutsche Männer nicht auch ganz ohne böse Russen Jahr für Jahr eine unfassbare Menge an Femiziden und Vergewaltigungen verüben. Der Verlust der staatlichen Souveränität wird implizit mit einem endlosen Vergewaltigungsregime gleichgesetzt, um bei den Befragten Betroffenheit zu erzeugen: Wer von ihnen gegen sexualisierte Gewalt ist, der muss einfach die deutschen Grenzen mit seinem Leben schützen! Und so geht dann auch fast jedes Argument zeitgenössischer Kriegsbefürworter: Wer gegen Gewalt ist, der muss selbst zur Gewalt bereit sein.*

* Das berühmte Sprichwort «Si vis pacem para bellum» (Wer Frieden will, muss für den Krieg gerüstet sein), bringt genau diese staatliche Lebenslüge zum Ausdruck: dass man selbst nämlich nur aus Angst vor dem Feind beständig aufrüste.

Aber Hitler!

Zu den häufigsten rhetorischen Kunstgriffen von Politikern, Journalisten und öffentlichen Intellektuellen, die den eigenen Waffengang rechtfertigen wollen, gehört es, das militärische Gegenüber mit dem Nationalsozialismus zu identifizieren.

Denken wir zurück an den Februar 2022. Nicht nur, dass Wladimir Putin seinen Angriff auf die Ukraine nicht als Krieg bezeichnen wollte. Er behauptete darüber hinaus, seine «militärische Spezialoperation» diene lediglich dazu, «die Menschen [zu] schützen, die seit acht Jahren von dem Kiewer Regime misshandelt und ermordet werden. Und zu diesem Zweck werden wir uns um die Entmilitarisierung und Entnazifizierung der Ukraine bemühen.»[45]

Der Zweck dieser demagogischen Rede war offenkundig: Um das «Kiewer Regime» moralisch zu diskreditieren, sagte Putin dem ukrainischen Staat Nazi-Methoden im Umgang mit der russischen Minderheit nach – und stilisierte sich so zum Kämpfer gegen deren Unterdrückung und zugleich gegen den Faschismus. Dass er selbst Kontakte zu rechtsextremen Vordenkern und Politikern in seiner Heimat pflegt, schien Putin bei der Rechtfertigung seines militaristischen Expansionismus kein größeres Hindernis zu sein. Auch in den russischen Staatsmedien ist dieses Framing, demzufolge die Ukraine ein von Nazis durchsetzter Staat ist, seitdem überall zu hören und zu lesen.

Praktischerweise lässt sich dieser Spieß umdrehen: Auch sein militärischer Gegner, Wolodymyr Selenskyj, scheut nicht vor Analogien mit dem Nationalsozialismus zurück. Im Juni 2024 erklärte er vor der französischen Nationalversammlung: «Die Situation ist heute dieselbe wie in den 1930er-Jahren, als das Böse seine Nachbarn angriff. Hitler überschritt eine Linie nach der anderen. Putin tut das Gleiche.»[46] Eine Sichtweise, der sich viele anschließen. Auf Twitter wird der russische Herrscher von Ukraine-freundlichen Nutzern oftmals nur noch als «Putler» bezeichnet; der kolumnistische Tausendsassa Sascha Lobo bezeichnete ihn in seinem Text über den deutschen «Lumpen-Pazifismus» als «russischen Faschistenführer».[47]

Eines dürfte klar sein: Wenn Putin, Selenskyj und deren Anhänger sich beständig den Vorwurf hin und her reichen, die jeweils andere Seite bestehe in Wahrheit aus verkappten Nationalsozialisten, dann wohl kaum, um wirklich zu ermitteln, wer der größere (Anti-)Faschist ist. Auch geht es nicht um eine intellektuell redliche Einschätzung der ukrainischen Minderheitenpolitik oder der russischen Kriegsführung.

Der Hitler-Vergleich dient stattdessen dazu, die Gegenseite moralisch gänzlich zu diskreditieren.

Der deutsche Faschismus steht wie kein anderes politisches System für die selbstzweckhafte Massenvernichtung menschlichen Lebens. Juden, Sinti und Roma, Kommunisten, Homosexuelle – sie wurden von den Nationalsozialisten allesamt zu «Volksfeinden» deklariert und in Vernichtungslagern direkt umgebracht oder der «Vernichtung durch Arbeit» preisgegeben. Des Weiteren betrachteten die Nationalsozialisten die osteuropäischen Völker als «Untermenschen», sodass der Krieg im Osten nicht die Eroberung des dortigen Territoriums mitsamt der Zivilbevölkerung als Ziel hatte, sondern im Gegenteil auf die totale Ausrottung der dort lebenden Menschen hinauslief.

Hier gibt es einen kategorischen Unterschied zu der Kriegsführung, wie sie in Kapitel I beschrieben wurde. Während in einem konventionellen Krieg der Tod feindlicher Soldaten und Zivilisten als notwendiges Übel hingenommen wird, um Land und Leute zu unterwerfen, dient ein Vernichtungskrieg dazu, nur das Land zu erobern, aber ohne die Leute – diese sollen mit Mann und Maus getötet werden. Die Opfer des Krieges sind nicht Mittel zum Zweck des eigenen Machtausbaus, sondern ein Selbstzweck.

Es handelt sich im Falle des Vernichtungskriegs daher um einen Krieg, auf den meine Analyse aus Kapitel I *nicht* zutrifft. In einem üblichen militärischen Konflikt fallen die Interessen von Volk und Führung auseinander. Hier verhält es sich anders: Der Zusammenbruch der militärischen Verteidigung kann nicht in einem schmutzigen Frieden münden, sondern nur in massenhafter Vernichtung. Während in einem konventionellen Krieg die Kapitulation der eigenen Staatsmacht das Überleben der Bevölkerung sichern kann, fallen bei einem Vernichtungskrieg die Auslöschung der Staatsmacht und die des Volkes in eins.

Dies ist auch der Grund, weshalb Staatschefs und ihre Propagandisten immer wieder den Hitler-Vergleich bemühen. Sie unterstellen der Gegenseite damit eine reine Vernichtungsabsicht und zugleich einen Mangel an militärischer Ratio, der mit Verhandlungen beizukommen wäre. Dadurch wollen sie vor allem erklären, wieso sie nicht zu Diplomatie oder Konzessionen bereit sind – und dass jede Form der militärischen Widerwehr (beziehungsweise des Erstschlags) berechtigt und alternativlos ist. Wenn ein neuer Hitler an der Grenze steht, dann kann man nicht verhandeln, dann kann man nur noch schießen! Die denkbar größte Delegitimation der Gegenseite verwandelt sich somit in die Legitimation der eigenen Gewalt.

Wenn man sich nun generell dagegen ausspricht, dem eigenen Land in einem Krieg dienen zu wollen – so wie ich es im vergangenen Sommer in der *Zeit* getan habe –, dann bekommt man oft die obligatorische Frage gestellt: «Und was hättest du dann gegen Hitler getan? Der wurde doch auch nicht mit Verhandlungen besiegt!»

Das stimmt erst einmal. Aber würden die Fragesteller mir meine kategorische Kriegsdienstverweigerung weniger krummnehmen, wenn der imaginierte Angreifer keinen genozidalen Vernichtungskrieg unternähme, sondern mir die Möglichkeit der Kapitulation einräumte?

Wir können das Gedankenexperiment ja einmal verschieben. Was wäre, wenn ich stattdessen fragte: «Was hättest du im 19. Jahrhundert gegen Napoleon getan?»

Sobald man einen historischen Kriegsherrn heranzieht, der nicht gerade Adolf Hitler heißt, sieht die Welt schnell ganz anders aus: Einerseits brachten Napoleons Kriege große Schrecken und hohe Verluste mit sich – wie sollte es anders sein –, andererseits waren die Einführung des Code civil oder die Abschaffung der Leibeigenschaft für viele Menschen in den deutschen Fürstentümern ein historischer Fortschritt. Je nachdem, welcher Herrscher in das eigene Land einmarschiert, können die Konsequenzen sehr unterschiedlich sein: Heißt er Napoleon, dann können sogar Verbesserungen des eigenen Lebens und Modernisierungen des Staatswesens die Folge sein. Heißt er Hitler, dann bedeutet das grenzenlose Vernichtung. Dazwischen gibt es ein großes Spektrum an Szenarien.

Dass die Fürsprecher einer neuen deutschen Aufrüstung permanent den historischen Sonderfall eines genozidalen Vernichtungskriegs heranziehen, dient ganz sicher nicht einer sachlichen Klärung der Frage, unter welchen Bedingungen man wofür zu kämpfen bereit wäre. Vielmehr greifen sie zum extremsten Beispiel, um die Vaterlandsverteidigung als unzweifelhaft guten Selbstzweck darzustellen, der überhaupt keine Kritik auf sich ziehen kann und umstandslos akzeptiert werden muss.

In der Bundesrepublik wurde diese Beschwörung eines drohenden neuen Faschismus in den vergangenen Jahrzehnten zu einer wirkmächtigen Rechtfertigung eigener Aufrüstung und Gewalt. Der grüne Außenminister Joschka Fischer warb in den 1990er-Jahren für den ersten deutschen Kriegseinsatz seit Ende des Zweiten Weltkriegs nicht zufällig mit den Worten: «Auschwitz ist unvergleichbar. Aber [...] ich stehe auf zwei Grundsätzen: Nie wieder Krieg, nie wieder Auschwitz; nie wieder Völkermord, nie wieder Faschismus!»[48]

Der «Realo-Politiker» wusste, dass er mit dieser Argumentation den linken Flügel der eigenen Partei empfindlich treffen konnte: Er konterte die Ablehnung einer deutschen Kriegsbeteiligung mit dem Verweis auf die deutsche Geschichte. Nicht *trotz*, sondern *wegen* der deutschen Schuld brauche es nun mehr Einmischung in die Weltpolitik.

Die Erziehungswissenschaftler Rolf Gutte und Freerk Huisken sehen hier exemplarisch den Übergang

> zu einer Außenpolitik, in der die antimilitaristische Moral nicht mehr als Maßstab und Handlungsanweisung für politische Vorhaben gelten

> soll. Aufgegeben wird der Pazifismus deshalb noch lange nicht. Vielmehr wird er dorthin verbannt, wo er hingehört: in den politischen Wertehimmel, der für die Formulierung letzter Ziele zuständig ist. Vor denen stehen allerdings erste Ziele, zu deren Realisierung – leider, versteht sich – so mancher «Konflikt» mit «friedensschaffenden Mitteln» zusammengeschossen werden muss.[49]

Eine solche Rechtfertigung von Kriegen bringen so ziemlich alle Seiten in allen Konflikten vor: Wer für einen gerechten Frieden ist, der muss gerade jetzt zur Waffe greifen!*

Der Pazifismus wird also vorerst in den Himmel der politischen Werte verbannt – glücklicherweise gibt es für hiesige und auswärtige Politiker aber noch genug andere hehre Werte, für die es sich mit friedlichen und kriegerischen Mitteln zu streiten lohnt.

* Das Zitat, das ich diesem Buch vorangestellt habe, bringt diesen Scheinwiderspruch zwischen Friedens- und Kriegsbegeisterung wunderbar auf den Punkt.

Demokratie und andere freiheitliche Werte

Unsere Demokratie» oder «unsere Freiheit» werden in Kriegsdiskursen immer wieder als zu verteidigende Werte angeführt. Als Olaf Scholz die Notwendigkeit eines hundert Milliarden Euro schweren Sondervermögens für die Bundeswehr begründete, tat er dies unter Verweis auf «unsere Freiheit, unsere Demokratie und unseren Wohlstand»,[50] in der Plenardebatte fiel der Begriff «Demokratie» ganze dreißig Mal.

Ganz ehrlich ist diese Rechtfertigung mit hohen Werten gleichwohl nicht: Denn auch in dem eher unwahrscheinlichen Fall, dass Deutschland von einer mustergültigen Demokratie angegriffen würde, wäre davon auszugehen, dass die Landesverteidigung nicht entfiele. Das liegt (wie in Kapitel I ausgeführt) daran, dass ein jeder Staatschef seine Herrschaft als Selbstzweck ansieht und sie ganz sicher nicht davon abhängig macht, ob ein angreifender Staat ein anderes oder dasselbe Programm auf Lager hat. Die vorgebrachten demokratischen Werte dienen lediglich zur Bemäntelung dieses Herrschaftsinteresses.

Dies können wir auch bei den Kriegen anderer Staaten sehen: In diesen macht Deutschland seine

Unterstützung garantiert nicht davon abhängig, ob die Demokratie geachtet oder mit Füßen getreten wird. Dass beispielsweise die USA im vergangenen Jahrhundert immer wieder demokratisch gewählte Herrscher wegputschten und durch prowestliche Diktatoren ersetzten, führte nicht dazu, dass dem «Wertepartner» ein «Demokratie-Defizit» unterstellt worden wäre, und deutsche Politiker forderten weder antiamerikanische Handelsbarrieren noch Waffenlieferungen an die Gegenseite. Dass andere Staaten undemokratisch seien (und ihre Kriege daher illegitim), wird nur dann vorgebracht, wenn es sich um feindliche Staaten handelt, die dem eigenen Weltordnungsanspruch gefährlich werden – ansonsten wird vornehm geschwiegen. Aus ebendiesem Grund bereitet es Politikern auch in der Gegenwart keinerlei Kopfschmerzen, am Montag Waffenlieferungen ins monarchische Saudi-Arabien oder in die despotisch geführte Türkei zu genehmigen, um am Dienstag dann die gefälschten Wahlen in anderen Ländern zu monieren oder deren Angriffe auf «souveräne, demokratische Staaten».

Diese Heuchelei ist den Leserinnen und Lesern sicherlich bekannt. Die Frage ist, wie man damit umgeht. Die meisten Bürger wählen folgenden Weg: Sie attestieren den heimischen Politikern Doppelzüngigkeit und wünschen sich eine höhere Glaubwürdigkeit von ihnen. In diesem Anspruch werden sie dann notwendigerweise immer wieder enttäuscht: Immerhin müssen die Herrschenden ihre «Realpolitik» einer «furchtbar komplexen Wirklichkeit» anpassen, in der es leider nötig ist, auch mal Abstand zu nehmen von Idealen. Ich gebe es gerne zu: Ob dieser Demagogie kann man leicht verrückt werden.

Der realistischere (und für die eigene Psyche deutlich gesündere) Weg ist es daher, sich von Wertepredigten nicht beeindrucken zu lassen und sie als die Lügenmärchen abzutun, die sie sind. Es lohnt sich nicht, die Herrschenden an Maßstäben zu messen, die sie selbst herzlich wenig interessieren und die sie nur dann ins Feld führen, wenn sie ihnen selbst nutzen.

Das gilt wohlgemerkt nicht nur für die Demokratie, sondern für alle schönen Werte, die zur Rechtfertigung von Kriegen vorgebracht werden. Erinnert sei an die sehr selektive «feministische Außenpolitik» der Grünen während der Ampel-Koalition: Vergewaltigungen durch Angehörige feindlicher Staaten wurden in einen Kriegsgrund umgedichtet, während das tausendfache Töten von Frauen und Kindern im Fall westlicher Gewalt zu einer bedauerlichen Notwendigkeit verklärt wurde. Die Grünen konnten den Feminismus für die eigene geopolitische Agenda kapern, weil er sich besonders unter jungen Leuten (zu Recht!) hoher Beliebtheit erfreut – und riefen ihn nur dann als hohen Wert auf, wenn es der Aufrechterhaltung der westlichen Vorherrschaft nutzte.*

* Dies darf selbstverständlich nicht dazu führen, das Kind mit dem Bade auszuschütten, den Feminismus also abzulehnen, weil er für unlautere Zwecke gekapert wird.

Noch absurder wurde es, als Annalena Baerbock beim Bundesparteitag der Grünen im Jahr 2022 erklärte, wieso man der frauenfreundlichen Musterdemokratie namens Saudi-Arabien Waffen liefern müsse: um die deutsche Sozialstaatlichkeit weiter garantieren zu können! Da wurde allen Ernstes die Möglichkeit, eine Kindergrundsicherung auszuzahlen, an die Lieferung von Tötungsmaterial nach Saudi-Arabien geknüpft:*

«Ich will nicht, dass wir noch mehr im sozialen Bereich sparen und Lisa [Paus, ehemalige Familienministerin] dann keine Mittel mehr hat für die Kinder, die sie dringend brauchen!»[51]

Es ist davon auszugehen, dass dieser Imperialismus des guten Gewissens uns in den kommenden Jahren erhalten bleiben wird – auch wenn es den toten Kindern und Erwachsenen wenig Genugtuung verschaffen dürfte, für die Stärkung des deutschen Sozialstaats gestorben zu sein.

* Diese Kindergrundsicherung wurde zwar bis zum Ende der Ampel-Koalition nicht umgesetzt – aber sicherlich braucht es nur *noch mehr* Waffenlieferungen in alle Welt in der kommenden Legislaturperiode, um dann der deutschen Kinderarmut ein für alle Mal den Garaus zu machen!

Das ist völkerrechtswidrig!

Wenn ein Krieg verurteilt werden soll, dann darf ein Attribut selten fehlen: nämlich, dass der Angriff völkerrechtswidrig sei. Unabhängig davon, welchem geopolitischen Lager sie angehören, lassen sich Politiker den Verweis aufs Völkerrecht nicht nehmen, wann immer ein ihnen unliebsamer Staat zu den Waffen greift.

Werfen wir beispielsweise einen Blick ins Gründungsmanifest des Bündnis Sahra Wagenknecht, das vielen Journalisten wegen einer angeblich zu großen Russland-Nähe verdächtig ist. Dort ist folgender Vorwurf an die NATO zu lesen:

> Eine Militärallianz, deren Führungsmacht in den zurückliegenden Jahren fünf Länder völkerrechtswidrig überfallen und in diesen Kriegen mehr als 1 Million Menschen getötet hat, schürt Bedrohungsgefühle und Abwehrreaktionen und trägt so zu globaler Instabilität bei.[52]

Die NATO und allen voran die USA werden als Risiko für die globale Sicherheit ausgemacht, weil sie das Völkerrecht nicht achten. Ein Vorwurf, den die Anhänger der westlichen Weltordnung ihren Gegnern umgekehrt auch gerne machen. So leitete der ehemalige NATO-Generalsekretär Jens Stoltenberg in einem Interview kurz nach Ende seiner Amtszeit seine Sicht auf den Ukraine-Krieg mit folgenden Worten ein:

> Aber wir dürfen nicht vergessen, worum es hier geht: Russland hat ein anderes Land völkerrechtswidrig angegriffen.[53]

Ich könnte Hunderte solcher Belege anbringen, von Russland- und Amerikafreunden, von Entspannungspolitikern und konservativen Falken. Aber die Leserinnen und Leser werden solche Sätze aus Reden und Leitartikeln ohnehin zur Genüge kennen. Jeder weiß: Wer eine Parteilichkeit für oder gegen einzelne Staaten pflegt, dem reicht es nicht aus, auf die Kriegsgräuel selbst hinzuweisen. Diese sprechen scheinbar nicht für sich, weder die Tausenden Toten und Verletzten noch die Zerstörungen, die im Gefecht produziert werden. Natürlich werden auch diese angeführt, um die Niederträchtigkeit des feindlichen Staates zu belegen. Aber darüber hinaus braucht es immer den Hinweis aufs Recht, das gebrochen wurde, um aus den Gräueln des Krieges ein politisches Argument zu machen – und zwar meistens eines für die eigene Gewalt. Auf diese Weise verwandelt sich der Verweis auf die Missachtung des Völkerrechts durch einen anderen Staat in einen Kriegsgrund.

Dem Juristen Norman Paech zufolge gibt es heute «kaum eine politische Konfrontation und keine militärische Intervention, die nicht das Völkerrecht als Basis der Argumentation und Legitimation ihres Eingriffes heranziehen. Die Berufung auf das Völkerrecht ist ebenso populär wie sein Missbrauch zur Rechtfertigung des Krieges und seiner Verbrechen.»[54]

Dieses ständige Pochen auf geltendes Recht, wenn es darum geht, einen Krieg zu verurteilen, ist erst einmal merkwürdig. Im Alltag käme man kaum darauf, eine Gewalttat wegen ihrer Rechtswidrigkeit anzuprangern. Würden wir erleben, wie ein Mensch auf der Straße erschossen oder erstochen wird, käme es uns nicht ernsthaft in den Sinn, empört zu rufen: «Aber das ist doch verboten!» Wir wären selbstverständlich schockiert – aber nur deshalb, weil es für uns *moralisch* abstoßend ist, wenn ein Mensch den anderen tötet, und nicht, weil damit gegen Paragraf 211 oder 212 des Strafgesetzbuches verstoßen wird.

Stellen Sie sich einen Augenblick lang vor, in Deutschland würde ein terroristisches Attentat mit Dutzenden Opfern verübt, und ein hochrangiger Politiker würde vor die Kameras treten und erklären: «Heute ist ein schwerer Tag für die Nation. Denn es wurden Menschen auf offener Straße in die Luft gesprengt, obwohl das rechtswidrig ist!» Man würde diesem Staatsmann (zu Recht) einen Vogel zeigen.

Dass wir Mord ablehnen, liegt sicherlich nicht daran, dass er gesetzlich verboten ist. Umgekehrt gibt es eine Menge Verstöße gegen das Recht, die nicht nur niemanden ernstlich moralisch empören, sondern die fast alle ab und an praktizieren. Kaum jemand von uns wird (zumindest als Fußgänger) nachts an einer roten Ampel haltmachen, wenn weit und breit kein Mensch zu sehen ist. In dieser Situation scheren wir uns nicht darum, was das Recht uns erlaubt oder gebietet, sondern treffen davon losgelöst die Entscheidung, die Straßenseite zu wechseln – weil wir wissen, dass wir in diesem Moment niemanden ernstlich gefährden.

Diese Beispiele sollen zeigen: Wie wir etwas *moralisch* bewerten, hängt oftmals nicht von juristischen Kategorien ab. Wer den Menschen aufgrund einer aufklärerischen Moral als Selbstzweck sieht, der wird genauso gegen Mord auf offener Straße sein wie ein Christ, der die zehn Gebote achtet. Die rechtliche Kategorie spielt dabei keine Rolle. Und dennoch wird in Diskussionen über den Krieg immer wieder auf das Völkerrecht verwiesen, wohlgemerkt in einem Tonfall, der den Eindruck erweckt, dass ein Verstoß gegen das Völkerrecht ein Verstoß gegen die hehrsten moralischen Werte sei. Wie kann das sein?

Das internationale Recht unterscheidet sich ganz wesentlich vom nationalen. Bei einer Gewalttat *innerhalb* eines Staates gibt es eine klare Hierarchie: Der Staat steht über dem (mutmaßlichen) Täter, er lässt ihn mithilfe seiner Exekutive festnehmen und von der Judikative richten. Es gibt einerseits den Staat, der das Monopol auf legale Gewalt innehat, und andererseits die Bürger, die ihm und seiner Gewalt unterworfen sind.

Zwischen den Staaten, also zwischen den Gewaltmonopolisten, gibt es eine solche höhere Gewalt hingegen nicht, beziehungsweise nur in Ansätzen. Es gilt, was schon G. W. F. Hegel in seiner Rechtsphilosophie festhielt:

> Es gibt keinen Prätor, höchstens Schiedsrichter und Vermittler zwischen Staaten, und auch diese nur zufälligerweise, d. i. nach besondern Willen. Die Kantische Vorstellung eines ewigen Friedens durch einen Staatenbund, welcher jeden Streit schlichtete, und als eine von jedem einzelnen Staate anerkannte Macht jede Mißhelligkeit beilegte, und damit die Entscheidung durch Krieg unmöglich machte, setzt die Einstimmung der Staaten voraus, welche auf moralischen, religiösen oder welchen Gründen und Rücksichten, überhaupt immer auf besonderen souveränen Willen beruhte, und dadurch mit Zufälligkeit behaftet bleibe.[55]

Natürlich gibt es supranationale Institutionen und Gerichte, die über eine gewisse Entscheidungsgewalt verfügen. Jedoch hat diese enge Grenzen. Der Internationale Strafgerichtshof in Den Haag (IStGH) beispielsweise wird von vielen Staaten in der Welt nicht anerkannt, darunter die USA, Russland und China. Das hat einen einfachen Grund: Diese drei mächtigen Staaten wollen nicht einsehen, dass es eine über ihnen stehende Instanz gibt, die über die Rechtmäßigkeit ihrer Kriege entscheidet und ihre Politiker bestrafen darf. Wer Atomwaffen hat, wer in der Lage ist, die ganze Menschheit dem Erdboden gleichzumachen – was hat der mit Richtern zu schaffen!

Die USA haben genau deshalb im Jahr 2002 den *American Service-Members' Protection Act* erlassen, der amerikanische Politiker, Militärs und Vertreter vor der Strafverfolgung durch den IStGH schützen soll. Dieses Gesetz erlaubt den Vereinigten Staaten sogar eine Invasion der Niederlande, um zu verhindern, dass amerikanische Kriegsverbrecher in Europa zur Rechenschaft gezogen werden. Es ist regelrecht komisch: Die USA erlauben sich selbst durch ein *nationales* Gesetz, notfalls eine *internationale* Invasion in einem souveränen NATO-Staat durchzuführen. Dieser *American Service-Members' Protection Act* ist kaum als ernsthaftes Gesetz zu verstehen. Vielmehr stellt er eine unverhohlene Drohung dar: Die größte Imperialmacht der Welt hat es ganz sicher nicht nötig, die Legalität der eigenen Gewalt von «höheren» Instanzen bewerten zu lassen.

Gut möglich, dass George W. Bush sich mit diesem Manöver selbst abgesichert hat, falls es ihm einmal an den Kragen gehen sollte. Denn dass auch er als Kriegsverbrecher angesehen werden könnte, gab er knapp zwanzig Jahre nach Erlass des Gesetzes mit einem Freud'schen Versprecher zu, als er Putins Angriff auf die Ukraine als «vollkommen ungerechtfertigte und brutale Invasion des Irak» bezeichnete. Es dauerte eine halbe Sekunde, bis Bush auffiel, dass er selbst es gewesen war, der im Irak viele Zehntausend Tote produziert hatte. Er korrigierte sich lachend: «Ich meine, der Ukraine. Irak. Egal.»[56]

Dieser Moment war von einer entwaffnenden Ehrlichkeit: Ein Mann, der für unendliches Leid gesorgt (und dabei gegen internationales Recht verstoßen) hat, scherzt auf einer Bühne darüber – weil er weiß, dass ihm ohnehin niemand etwas anhaben kann.

Das internationale Recht ist schlicht das, was die internationalen Rechthaber daraus machen – also die Staaten, die schon in Kapitel I als reine Gewalt charakterisiert wurden. Zwischen den Staaten gilt nun mal das Recht des Stärkeren, der *überlegenen* Gewalt. Wer sich den Rest der Welt mit Waffen, Diplomatie und ökonomischen Sanktionen gefügig machen kann, der muss keine Strafverfolgung fürchten; der hat notfalls Gesetze, um eigene Staatsbürger aus Den Haag zu befreien, oder verfügt über eine Vetomacht, um eine Verurteilung der selbst begonnenen Kriege durch die Vereinten Nationen zu verhindern.

Hiermit soll nicht das Engagement von Aktivisten, Politikern und Richtern herabgewürdigt werden, die sich dafür einsetzen, dass Kriegsverbrecher zur Rechenschaft gezogen werden. Aber jeder, der das tut, weiß selbst, dass den Großen und Mächtigen mit internationalem Recht nicht ernsthaft auf die Pelle gerückt werden kann, sondern dass dies höchstens für Nationen von geringerer Machtfülle gilt. Stattdessen taugt das internationale Recht den einflussreichen Nationen als eine quasimoralische Berufungsinstanz: Man sieht sich und seine eigenen Partner zwar nicht daran gebunden, aber wenn der Feind dagegen verstößt, verweist man gerne lautstark moralisierend aufs Völkerrecht. Diese Heuchelei bringt unzählige Doppelstandards mit sich, die Staatsmänner wie Medien beständig reproduzieren. Die Politikwissenschaftlerin Renate Dillmann zeigt, wie diese Doppelstandards sich sprachlich niederschlagen:

> Die Bombardierung von Krankenhäusern ist in den Nachrichten der deutschen Leitmedien mal Kriegsverbrechen, mal unvermeidlicher Kollateralschaden [...]. Es gibt «brutale völkerrechtswidrige Angriffskriege», über die intensiv und mit medialer Empörung berichtet wird; es gibt aber auch mit Beifall begleitete «Missionen», «Einsätze» und «humanitäre Interventionen». Und es gibt «vergessene Kriege». Manchmal geht «Staatswohl vor Aufklärung». Tote sind nicht gleich Tote und Flüchtende nicht gleich Flüchtende – es kommt darauf an, wer wo stirbt und wer woher flüchtet.[57]

So ist es auch mit dem Völkerrecht: Es kommt darauf an, *wer* es missachtet. Tut das ein Verbündeter? Dann bleibt der Rechtsbruch ohne Konsequenzen. Tut es ein Feind? Dann muss das Folgen haben, und zwar kriegerische!

Wenn die Staaten selbst derart instrumentell mit dem internationalen Recht verfahren, dann sollte kein Bürger die Achtung dieses Rechts zu einem hohen moralischen Wert verklären. Darüber kann man nur verrückt werden, denn alle Staaten ignorieren oder lobpreisen das Völkerrecht je nach außenpolitischer Konjunktur.

Bei dem Versuch, eine internationale Rechtsordnung zu schaffen, die Gewalt verhindert, handelt es sich um ein durch und durch widersprüchliches Projekt. Denn wie der oben zitierte Hegel festhält, wäre eine solche Ordnung nur dann funktionsfähig, wenn eine «Einstimmung der Staaten» bestünde. Wenn es diese Einigkeit zwischen den Staaten aber gäbe, dann bräuchte es auch kein internationales Kriegsrecht, denn dann hätte die Einigkeit von selbst einen Gewaltverzicht zur Folge.

Das internationale Völkerrecht ist eines, das sich die Staaten aufgrund ihrer permanenten Uneinigkeit und ihrer Tendenz zum Krieg selbst geben. Es verbietet ihnen einerseits den Krieg als Fortsetzung der Politik mit anderen Mitteln, gibt ihnen aber andererseits Normen an die Hand, wie sie sich im tatsächlichen Kriegsfall verhalten sollen. Die Absurdität dessen fasst Brecht in seinen *Flüchtlingsgesprächen* wie folgt zusammen:

> Und dann wolltens einen humanen Krieg. Machts Krieg, aber nicht gegen die Zivilbevölkerung! Mit Kanonen, aber nicht mit Gas! Der amerikanische Kongreß hat die Rüstungsgewinne, hör ich, auf 10 % begrenzt und zwar gesetzlich. Er hätt ebensogut die Menschenverluste im Krieg gesetzlich auf 10 % beschränken können![58]

Die Staaten geben sich selbst Regeln, unter welchen Bedingungen sie zu welchen Waffen greifen dürfen, damit der Krieg nicht zu menschenfeindlich wird – und ignorieren diese Gebote dann doch regelmäßig. Damit taugt dieses Recht wirklich nur als pseudomoralische Waffe – mit der sich einfache Bürger besser nicht gemeinmachen sollten.

Denn Krieg ist nicht falsch, weil er verboten ist. Er ist falsch, weil einige wenige Menschen über die Leichenberge anderer gehen können, um ihre Interessen durchzusetzen.

III.

Warum ich niemals für mein Land kämpfen würde

Bis hierhin wurde ausgeführt, welchen Sinn der Krieg hat – und auf welche unsinnige Weise er immer wieder gerechtfertigt wird. Wir haben gesehen, dass alle Staaten von sich stets behaupten, den Frieden zu wollen – und genau deshalb den Krieg vorbereiten; dass sie dabei ihre Bürger entmenschlichen und zu bloßen Werkzeugen machen; und dass sie alle zu ähnlichen propagandistischen Mitteln greifen, egal, ob es sich um demokratische oder diktatorische, angreifende oder verteidigende Staaten handelt.

Diesem staatlich verordneten Kämpfen werde ich mich, sollte es einmal so weit kommen, zu entziehen versuchen. Ich möchte nicht für mein Land kämpfen, denn was heißt das überhaupt: «mein Land»? Das Possessivpronomen «mein» suggeriert, ich würde eigenes Land besitzen oder hätte zumindest den Ort meiner Herkunft selbst gewählt. Nichts davon ist der Fall: Weder verfüge ich über einen einzigen Quadratmeter dieses Landes selbst, noch habe ich es mir als meine Heimat ausgesucht. Ich identifiziere mich daher mit den hier beheimateten Menschen nicht mehr als mit denen in anderen Ländern. In dieser Hinsicht halte ich es mit Karl Marx und Friedrich Engels, die 1848 im *Kommunistischen Manifest* schrieben: «Die Arbeiter haben kein Vaterland.»[59]

Auch wenn ich kein Arbeiter, sondern ein freischaffender Publizist bin, erkenne ich mich in diesem Satz wieder. Ich glaube nicht, dass Menschen aus anderen Ländern mir fremder sein müssen als die aus dem eigenen. Wahrscheinlich werden die meisten Menschen inner- und außerhalb Deutschlands völlig anders auf die Welt blicken als ich – und dennoch bin ich davon überzeugt, dass es nur wenige Zeitgenossen gibt, die ich mir mit Gewalt vom Leib halten müsste, wenn nur einmal die Hauptursachen der Gewalt (also die Armut und die konkurrierenden Nationalstaaten) abgeschafft wären.

Ich möchte nicht auf Menschen schießen, von denen mich nichts Substanzielles trennt und mit denen ich wahrscheinlich ein angenehmes, kooperatives, friedliches Leben führen könnte – wären da nicht die Machthaber dieser Welt, die anderes mit uns vorhaben. Ich will nicht in Schützengräben liegen, in ständiger Furcht, von Bomben oder Granaten zerfetzt zu werden; darauf angewiesen, mein Gegenüber zu töten, bevor es mich erwischt. Ich will nicht dazu gezwungen sein, zwischen meinem Leben und der nicht zu tilgenden und niemals abzuwerfenden moralischen Schuld des Mordes zu entscheiden. All das möchte ich auf keinen Fall. Eher würde ich zu fliehen versuchen.

Dass ich mit dieser Haltung viele Menschen nicht überzeugen kann, weiß ich selbst. Und das liegt nicht bloß daran, dass sie vergeblich sein könnte, weil sehr schnell die Feldjäger hinter mir her wären, um mich von meiner Friedfertigkeit abzubringen. Nein, viele meiner Mitbürger sehen es noch dazu als zwar unbequem, aber letzten Endes gerechtfertigt an, dass der Staat seine Bürger zum Kämpfen abbestellt.

Das wurde mir klar, als ich nach Veröffentlichung meines staats- und kriegskritischen Artikels in der *Zeit*[60] im vergangenen August Hunderte Kommentare sowie Dutzende Leserbriefe erhalten habe. Ein Großteil dieser Reaktionen war – bestenfalls – verständnislos: Wie ich nur so unsolidarisch sein könne, wollten die Leser von mir wissen, und warum ich die mir gegebenen Freiheiten so wenig wertschätzen würde. Diese und viele weitere Vorwürfe wurden gegen mich erhoben, und ich will mich zum Abschluss genauer mit einigen davon auseinandersetzen – um noch ein letztes Mal meine mangelnde Kampfbereitschaft zu begründen, und in der Hoffnung, mit diesen Erwiderungen doch noch ein paar Leserinnen und Leser zu überzeugen (oder zumindest zu besänftigen).

Die Freiheit, für die es sich zu kämpfen lohnt?

Wäre dieser Artikel unter russischer Fremdherrschaft geschrieben worden, hätte er mindestens 15 Jahre Lagerhaft für den Autor zur Konsequenz. So gesehen, wäre sie vielleicht sogar erstrebenswert.

Dieser wenig liebenswerte Kommentar zu meinem Artikel war auf der Webseite der *Zeit* stundenlang zu lesen, bevor er dann wegen «überzogener Polemik» von der Redaktion gelöscht wurde. Im ersten Moment war ich überrascht, beinahe schockiert von der drastischen Wortwahl: fünfzehn Jahre Lagerhaft? Solche Repressalien waren mir von fremden Menschen noch nie gewünscht worden, obwohl ich zum Zeitpunkt der Veröffentlichung bereits seit einigen Jahren als Podcaster und Autor in der Öffentlichkeit stand.

Trotz der besonderen Schärfe musste ich dann aber feststellen, dass diese Reaktion auf meinen Text inhaltlich recht repräsentativ war. Viele der Kommentare und Leserbriefe brachten in einem autoritären Tonfall zum Ausdruck, dass ich dankbar sein sollte für die Freiheiten, die mir in der heutigen Bundesrepublik gewährt werden – insbesondere für das Recht, eine solche abweichende Meinung äußern zu dürfen. Und weil diese Freiheit so wunderbar sei (und meine mangelnde Bereitschaft, für mein Land zu kämpfen, schlichtweg inakzeptabel), sollte ich eine solche Meinungsäußerung doch in Zukunft bitte gleich unterlassen. Eine herrliche Logik: Weil ich in diesem Land vieles sagen darf, sollte ich mich bitte selbst zensieren, um meine Mitmenschen nicht auf kritische Gedanken zu bringen!

Dennoch ist die Frage berechtigt: Ist mir diese Freiheit etwa nicht mein Leben wert? Ganz ehrlich: Nein, das ist sie nicht. Auch wenn man solche Bekenntnisse fast niemals im liberalen Diskurs zu lesen bekommt und ich mit einiger Empörung für diese Ansicht rechne, sage ich es ganz freiheraus: Das Recht, meine Meinung zu äußern, ist mir ganz bestimmt nicht mein Leben wert.

Worin bestand denn meine geäußerte Kritik? Darin, dass alle Staaten, egal, ob liberal oder despotisch verfasst, ob demokratisch oder diktatorisch, ihre Bürger notfalls zum Instrument der eigenen Interessen machen und dabei völlig frei über ihr Leben verfügen. Diese Meinung darf ich hierzulande äußern – Konsequenzen hat das aber keine. Wenn Krieg ist, sind die mir ansonsten gewährten Freiheiten dahin, und ich werde zum Verbleib im Land (und gegebenenfalls auch zum Kampf) gezwungen. Ob ich nun in einem Land lebe, das mir meine staatskritische Meinung erlaubt, mich aber im Ernstfall trotzdem zum Kampf verpflichtet, oder in einem Land, in dem diese Meinung von vornherein untersagt ist – für diesen Unterschied bin ich ganz sicher nicht zu sterben bereit. Denn die Konsequenz ist im Kriegsfall dieselbe: nämlich dass mein Leben mit hoher Wahrscheinlichkeit verwirkt ist.

Sosehr ich also die heutigen Freiheiten schätze (und mit meinen Publikationen in Anspruch nehme), so wenig werde ich für das Recht auf eine Meinungsäußerung, die notwendig folgenlos bleiben muss, mein Leben geben. Manche werden in dieser Haltung vielleicht sträfliche Unterwerfungsbereitschaft erkennen, andere werden mich für zynisch halten – aber ich lebe lieber in Unfreiheit, als für diese Freiheit zu sterben.

Darüber hinaus ist es vielleicht gar kein Beleg für die immense Großzügigkeit der Bundesrepublik, dass sie solche folgenlosen Meinungsäußerungen erlaubt. Sondern vielmehr ein Ausweis der Dummheit moderner Diktatoren, dass sie bis in die Gegenwart nicht verstanden haben, dass auch bei freier Presse und Meinungsäußerung die eigene Herrschaft relativ frei walten kann, solange man einen Großteil seiner Bürger dazu erzieht, die eigenen Maßstäbe gelungenen Regierens anzunehmen. Starke Führung, Konkurrenzfähigkeit, hohes Wirtschaftswachstum etc.: Solange man den Bürgern diese Werte als ihre eigenen Zwecke verkauft, können sie sich sogar umso konstruktiver in die Probleme des Staates hineindenken, unter denen sie selbst so oft leiden. Wenn man als Herrscher ein

Volk regiert, das im großen «Wir» denkt und sich permanent den Kopf darüber zerbricht, wie «unseren» Interessen Geltung verschafft werden kann; wenn man sich ein Volk schafft, das mit der eigenen Regierung ideell verschmilzt und sich in einem Antagonismus zum Rest der Welt wähnt – dann bedeutet Freiheit keine Gefahr für den Staat und die Durchsetzung seiner Räson, sondern wird zum Mittel seiner Legitimation.

So viel Liberalität erlaubt sich aber auch der freieste Staat nur, solange er seine Kritiker für keine ernstzunehmende Gefahr hält. Wenn er in dieser Hinsicht hingegen unsicher ist, dann kann auch ein freiheitlicher Staat wie die Bundesrepublik anders, wie Zehntausende deutsche Linke am eigenen Leib erfahren durften: Ab den 1950er-Jahren wurden Kommunisten so lange mit Partei- und Berufsverboten belegt, bis niemand mehr auf die Idee gekommen wäre, sich zu solchen intellektuellen Umtrieben öffentlich zu bekennen – was einer der Hauptgründe dafür ist, dass es in Deutschland heute keine gesellschaftlich relevante Linke mehr gibt.

Auch in der Gegenwart werden solche Tendenzen sichtbar, etwa wenn die Regierenden ihre Staatsräson von einer zu laut vorgebrachten Palästina-Solidarität missachtet sehen. In solchen Fällen setzt der Staat sehr schnell Gewaltmittel ein: entweder in Form direkter Repression (etwa wenn die Polizei an Universitäten «das Hausrecht durchsetzt») oder in Form des «stummen Zwangs» der ökonomischen Verhältnisse, also durch Mittelentzug. Im vergangenen Jahr wurden viele bereits genehmigte Kulturveranstaltungen wegen «falscher» Social-Media-Likes von Künstlern abgesagt, und im liberal geführten Bildungsministerium wurde diskutiert, ob kritischen Wissenschaftlern nicht die Fördermittel gestrichen werden könnten.*

Ein Freund von mir meinte einmal: «Liberalität ist kein ewiges edles Prinzip der bürgerlichen Gesellschaft, sondern nur der Zustand, der einkehrt, wenn es keine nennenswerten Abweichler (mehr) gibt.» Und genau so ist es: Auch hierzulande wurden (und werden) Andersdenkende gegängelt und diskursiv verdrängt – sodass der Staat sich in der Ruhe nach dem Sturm wieder ein paar Jahre herrlich freizügig geben kann.

Noch einmal: Jede der mir gegebenen Freiheiten nutze ich gern. Aber sterben würde ich ganz sicher nicht dafür – auch weil ich gut weiß, wie anders dieser Staat könnte, wenn er meine Haltung eines Tages nicht mehr als die eines zu vernachlässigenden Abweichlers wahrnehmen sollte.

* Mit der als Bauernopfer dargebrachten Staatssekretärin hatte sich diese Angelegenheit für viele Journalisten, die ansonsten hinter jeder Ecke eine totalitäre, woke Cancel Culture vermuten, erstaunlich schnell wieder erledigt.

Und die Demokratie?

Lassen wir noch einmal zwei Leserbriefe sprechen. Für besondere Empörung sorgte die Behauptung, es gebe in der Bundesrepublik überhaupt so etwas wie Herrscher und Beherrschte.

> Herrscher? Beherrschte? Untertanen? In welchem Land lebt Herr Nymoen? Sicher nicht in der Bundesrepublik Deutschland! Natürlich möchte niemand im Krieg sterben. Aber selbstbestimmte Demokraten wollen auch nicht unter einer aufgezwungenen Fremdherrschaft leben.

> Sicherheit vor Fremdherrschaft ist Schutz der eigenen Herrschaft? Lieber das eigene Leben retten, lieber unter fremder Herrschaft leben, als für die eigene Freiheit, Souveränität eintreten?

Ich habe viele weitere Nachrichten erhalten, die mir einen Mangel an demokratischem Bewusstsein unterstellten. Das halte ich für völlig verfehlt: Ich bin ganz sicher *kein* Feind demokratischer Entscheidungsfindungen. Wenn gut informierte Menschen, die von ihren eigenen Befindlichkeiten abstrahieren können, nach einem Mehrheitsprinzip Entscheidungen darüber träfen, wie die Gesellschaft zu organisieren sei – dann würde ich mich dem als Letzter in den Weg stellen. Eine solche Politisierung öffentlicher Fragen ist jedoch *nicht* der Zweck der real existierenden, modernen Demokratie. Denn in der sind alle grundlegenden Fragen, wie die Gesellschaft beschaffen sein sollte, bereits vorab beantwortet, wie der marxistische Autor Peter Decker in seinem Buch über die Demokratie erklärt:

> Wichtig an einer Wahl ist [...] zuerst und vor allem das, was *nicht* zur Wahl steht, mit der Wahl aber stillschweigend *abgehakt* wird. Das ist nämlich nichts Geringeres als die gesamte *politische Herrschaft*: der Apparat; die Aufgaben, denen er sich widmet; die Leistungen, die er erbringt; die ‹Sache› der Nation; und dass es *Führer* braucht, die sich darum kümmern. Also schlichtweg alles, was die Masse des Bürgervolks als Beschränkung jeder materiellen Freiheit, als Härte ihres Erwerbslebens, als Inanspruchnahme durch private und öffentlich-rechtliche Machthaber, überhaupt als gesellschaftlich organisierte *Last* zu spüren bekommt.[61]

Zu den feststehenden «Aufgaben» des Staates gehört in einem Land, das kapitalistisch organisiert ist, beispielsweise der Schutz des Privateigentums mit all seinen Absurditäten* oder eine «fordernde» Arbeitsmarktpolitik, die mit Gängeleien der Ärmsten einhergeht – beides Institutionen, die für die Bürger mit großen Zumutungen einhergehen, aber ganz sicher niemals zur Wahl stehen.

Im Grundgesetz heißt es: «Alle Staatsgewalt geht vom Volke aus.»[62] Und in der Tat: Hierzulande hat ein jeder Staatsbürger das Recht, sich politisch einzumischen und wählen zu gehen, wobei jede Stimme gleich gewichtet wird. Die demokratische Wahl sorgt damit für eine formelle Gleichheit aller Bürger. Allerdings nützt sie den Unterprivilegierten wenig, wenn diese keinerlei Mitspracherecht im Bereich der Ökonomie haben. Dabei ist die Frage, wie eine Gesellschaft wirtschaftet – also wie sie produziert und das Erwirtschaftete verteilt –, die zentrale Frage eines jeden politischen Gemeinwesens.

* Ich möchte an dieser Stelle keine Kritik der politischen Ökonomie leisten, aber zumindest ein ganz einfaches Beispiel dafür geben, was ich mit «Absurditäten» des Privateigentums meine: etwa dass unzählige Gebrauchsgegenstände und Lebensmittel, mit denen eigentlich noch Bedürfnisse gestillt werden könnten, verschrottet werden, weil es keine zahlungsfähige Nachfrage für sie gibt. Der stoffliche Reichtum, um so ziemlich jedes vernünftige Bedürfnis zu befriedigen, ist hierzulande längst vorhanden – da er aber nur seinen Eigentümer wechselt, wenn dafür Geld fließt, verharren viele Menschen weiterhin in bitterer Armut.

Diskutiert wird darüber nur sehr selten. Dass «die Arbeiterbewegung nicht allein für die Demokratie in der politischen Sphäre gekämpft hat, sondern auch für Demokratie in der Sphäre der Wirtschaft», ist ein «Aspekt, der regelmäßig untergeht bei offiziellen Demokratiefeiern und entsprechenden Gedenktagen», so die Politologin Sabine Nuss.[63]

Eine wahrhaftige Partizipation der breiten Bevölkerung ist daher nicht das Prinzip der real existierenden Demokratie, und die «Souveränität», die von den kritischen Lesern angemahnt wurde, besteht meines Erachtens lediglich darin, dass man als Bürger alle vier Jahre darüber abstimmen darf, *wer* die feststehenden staatlichen Zwecke verwaltet, ob also ein Christ-, Sozial- oder Liberaldemokrat darüber entscheidet, welche sozialstaatlichen Leistungen «wir» uns überhaupt noch leisten können oder ob «unsere Konkurrenzfähigkeit» nicht durch etwas Lohnverzicht gesteigert werden könnte.

Für die meisten Menschen fühlt es sich daher ganz sicher *nicht* so an, als wären sie der Souverän und als würden sie «selbstbestimmt» ihr Leben führen – wo sie doch die Mittel dazu gar nicht selbst in der Hand haben.

Ein großer Teil der Bevölkerung ist qua Eigentumslosigkeit ökonomisch völlig machtlos, während sein bescheidenes politisches Gewicht in Form vereinzelt abgegebener Stimmen lediglich dafür taugt, die nächste Regierung zu bestimmen, die die heimische

Klassengesellschaft betreut. Wer das für «eigene Freiheit, Souveränität» hält, mit dem habe ich in der Tat politisch wenig gemein. Und genau deshalb erlaube ich es mir, auch in der Demokratie zwischen Herrschern und Beherrschten zu unterscheiden.

Wo bleibt die Gemeinschaft?

Besonders irritiert haben mich folgende Kommentare und Zuschriften:

> [D]en Meinungsartikel kann ich auf den Kern verkürzen «Ich, Ich, Ich, Ich, Ich» – «Die Anderen? Mir egal!»

> Herrschaft, Staat versus Bürger, Beherrschte. Darauf lässt sich alles reduzieren? So etwas wie Gesellschaft, Community, menschliches Wir, soziales Miteinander kommt nicht vor.

> Es wird als Zumutung empfunden, sich für dieses Gemeinwesen persönlich einzusetzen, obwohl wir doch alle in mehr oder weniger großem Maße von einem funktionier[en]den Gemeinwesen profitieren. Der Autor sicherlich auch.

Verwundert haben mich diese Zuschriften, weil ich es für recht offenkundig hielt, dass mein Text aus der Feder eines Linken stammte. Immerhin war Bertolt Brechts *Mutter Courage* die wichtigste Referenz, und die Prekarisierung breiter Bevölkerungsschichten war in meinem Text ein zentraler Gegenstand der Kritik. Tatsächlich ist «menschliches Wir, soziales Miteinander» für mich die wohl stärkste Triebfeder meiner publizistischen Arbeit.

Ich würde gerne in einer Welt leben, in der niemand sich Sorgen machen muss, wie er den nächsten Monat bestreiten kann, weil weder Krieg noch Armut wie ein Damoklesschwert über seinem Kopf schweben. Ich würde gern Teil einer Gesellschaft sein, in der das Marx'sche Diktum gilt: «Jeder nach seinen Fähigkeiten, jedem nach seinen Bedürfnissen!»[64] Voraussetzung dafür wäre ein Gemeinwesen, in dem die Menschen sich ohne Misstrauen und Verachtung begegnen, in dem sie sich um das Wohlergehen anderer sorgen, selbst wenn sie diese gar nicht persönlich kennen.

Jedoch bin ich felsenfest davon überzeugt, dass genau dieses «Wir» nicht im Krieg verteidigt wird. Um verteidigt werden zu können, müsste es nämlich überhaupt erst einmal da sein, und wo in der Welt gibt es eine Gesellschaft, die wie die eben skizzierte aussieht? Die moderne Bundesrepublik, deren Bürger ich bin, trägt jedenfalls ein sehr anderes Antlitz. Ich könnte unzählige Beispiele dafür geben, etwa die massive Ungleichheit, die dazu führt, dass fünf Familien hierzulande mehr besitzen als die ärmere Hälfte der Bevölkerung. Oder ich könnte die Bürgergeld-Debatten der letzten zwei Jahre rekapitulieren, in denen der gesamte journalistische Betrieb (und mit ihm das aufgebrachte Wahlvolk) darüber stritt, ob die im Verhältnis zu Hartz IV real um null Prozent gestiegenen Bürgergeldsätze nicht noch viel zu hoch seien.*

Aber ich möchte die Leserschaft nicht mit Altbekanntem quälen, sondern stattdessen feststellen: Ein Staatswesen, das Verhältnisse schafft, in denen einerseits der obszönste Reichtum als schützenswert gilt und andererseits die Ärmsten mit Verachtung gestraft werden, wenn sie von irgendetwas leben wollen – ein solches Staatswesen denkt ganz sicher bei der Organisation der heimischen Ökonomie nicht als Erstes an ein «menschliches Wir». Das gibt auch einer der oben zitierten Leser implizit zu, wenn er schreibt, dass «wir doch alle in mehr oder weniger großem Maße von einem funktionier[en]den Gemeinwesen profitieren». Ja, die einen tun das mit 10 000 Euro im Monat, während die anderen mit 1500 Euro klarkommen müssen – aber letztlich profitieren alle von diesem Gemeinwesen, nur eben in verschiedenem Maße! Für arme Menschen muss sich eine solche Bergpredigt wie der blanke Hohn anhören.

Ich glaube jedenfalls nicht daran, dass es sich bei diesem Verbund namens Nation um eine einige «Community» handelt, in der das «menschliche Wir» zählt. In Wahrheit besteht dieses Land aus Millionen vereinzelter Erwerbsbürger, die sich in einer Ellenbogengesellschaft bewähren müssen, um über die Runden

* Interessanterweise wird der Vorwurf, jemand führe Neiddebatten, stets nur dann laut, wenn exzessiver Reichtum kritisiert wird.

zu kommen – und deren höchste Einigkeit darin besteht, dass sie alle zwei Jahre auf der Fan-Meile eine schwarz-rot-goldene Flagge wedeln und sich echauffieren dürfen, dass «die Spanier» wegen «gekaufter Schiedsrichter» weitergekommen sind. Ansonsten versucht ein jeder, den anderen zu übervorteilen und auszustechen – nicht aufgrund irgendeiner persönlichen Verkommenheit, sondern weil die Konkurrenz- und Eigentumsgesellschaft diese Art Mensch massenhaft produziert. Für diese privaten Bürger ist es eine Selbstverständlichkeit, dass man mit viel Geld alle denkbaren Genüsse *erwerben* und ohne Geld alle vernünftigen Bedürfnisse *vergessen* kann; und dass jegliche soziale Verpflichtung eine Schwäche ist, der man sich bestmöglich entledigt.

Keineswegs möchte ich die hier lebenden Menschen für besonders schlecht erklären; ich halte sie für genauso gut oder schlecht wie den Rest der Menschheit, auch wenn dieser nicht Teil der Nation ist, der ich mich zugehörig fühlen soll. Meine Weigerung, in den Krieg zu ziehen, ist daher ganz sicher keinem Mangel an Gesellschaftsfähigkeit geschuldet, sondern der Tatsache, dass sich meine Solidarität nicht nur auf diejenigen erstreckt, die in denselben Staatsgrenzen leben wie ich.

Wofür ich kämpfen würde

Wenn ich mir nun die Frage stelle, wofür ich zu kämpfen bereit wäre, dann muss ich ehrlich sein: für fast gar nichts.»

Dieser Satz stammt aus meinem umstrittenen Artikel, und im Nachhinein betrachtet denke ich, dass ich ihn besser nicht geschrieben hätte. Denn es gibt in Wahrheit eine Menge, wofür ich zu kämpfen bereit bin. Eigentlich kann man aus all dem, was ich bis hierhin geschrieben habe, ex negativo herauslesen, was für eine Welt ich gerne erleben würde: Ich wäre gern Teil einer Gesellschaft, in der es nicht als Schwäche gilt, aufeinander angewiesen zu sein – sondern als Selbstverständlichkeit, als Voraussetzung jeglicher menschlichen Kooperation. Ich würde gern in einer Gesellschaft leben, in der ein jeder nicht bloß an seinen Vorteil denkt, sondern Freude daran hat, das soziale Leben gemeinsam mit anderen zu gestalten.

In einer solchen Welt bestünde Partizipation nicht bloß darin, alle vier Jahre ein Kreuzchen zu machen, sondern in kollektiver Anstrengung, in gemeinsamer Planung des *Wie* und *Was* der Produktion – aber auch in gemeinschaftlichem Ertrag.

Für diese Welt werbe ich täglich. Ich versuche beständig, Menschen von der Notwendigkeit solcher Verhältnisse zu überzeugen, auch wenn sich das wie ein Kampf gegen Windmühlen anfühlt. Ob man das nun einen Kampf im konventionellen Sinne nennen mag, sei dahingestellt – aber meinem Projekt eines modernen Sozialismus ist wohl ohnehin am besten damit gedient, sachliche Überzeugungsarbeit für eine sinnvolle gesellschaftliche Planung zu leisten, statt mit weltfremden Fantasien eines gewalttätigen Umsturzes aufzuwarten.

Eine solche sinnvoll geplante Gesellschaft würde nicht nur erfordern, dass die Menschen ihre ökonomischen Verhältnisse selbst in die Hand nehmen wollen, sondern auch, dass sie aufhören, sich zuallererst mit ihrer Nationalität oder ihrem Staat zu identifizieren. Damit soll nicht gefordert werden, dass die Menschen ihre kulturellen oder sprachlichen Eigenarten ablegen – sondern bloß, dass sie aufhören zu glauben, ihre Herkunft oder ihre Zugehörigkeit zu einem bisherigen politischen Gemeinwesen würden sie von anderen Menschen trennen und ihre Integration in einen größeren gesellschaftlichen Zusammenhang verunmöglichen.

Es gibt mehr, das uns eint, als was uns trennt: Die meisten von uns hätten gern ein ruhiges Leben in Frieden, in dem sie sich keine Sorgen darum machen müssen, was es morgen zu essen gibt, ob sie im nächsten Monat noch ein Dach über dem Kopf haben und wer sie am Ende ihres Lebens einmal pflegt. Diese Welt ist eine Utopie, aber sie scheitert ganz sicher nicht an stofflichen Knappheiten oder planerischen Möglichkeiten, sondern an den bestehenden Verhältnissen und denen, die davon profitieren.

Schließen möchte ich mit einer bemerkenswerten Anekdote der kroatischen Schriftstellerin Slavenka Drakulić, die in einem ihrer Bücher über die Kriegsverbrecher der Balkankriege schreibt. Sie schildert dort unter anderem das Leben der Angeklagten in Den Haag, nachdem diese unzählige Menschen verschiedener Völker aufeinandergehetzt und getötet haben. Diese Massenmörder verbringen ihre Haft trotz ihrer einstigen Feindschaft keineswegs in Zwietracht, im Gegenteil:

> Und die Männer, die für seine [Jugoslawiens] Zerstörung und die vielen Opfer verantwortlich sind, leben heute brüderlich und einig und im Luxus, ihr Dasein in der Haft ist die größte vorstellbare Antikriegsdemonstration, nur daß sie zu spät kommt. Diese kartenspielenden, kochenden und TV-konsumierenden sympathischen Jungs verspotten all jene, die sie daheim einst zu ernst genommen haben. Sie machen alle lächerlich, die ihren Befehlen gefolgt sind und die ihre Angehörigen verloren haben. Wenn jedoch diese «Brüderlichkeit und Einheit» unter den eingeschwo-

> renen Feinden von gestern wirklich der Epilog dieses Krieges ist, aus welchem Grund kam es zu alledem? Beim Blick auf die fröhlichen Knaben in Scheveningen ist die Antwort klar: aus keinem.[65]

Man kann diese Passage auf zwei Weisen lesen: Einerseits besitzt die beschriebene Situation eine schier unglaubliche Perfidie, weil diejenigen, die millionenfachen Mord zu verantworten haben, so friedlich und einig nebeneinanderher leben. Andererseits könnte man fragen: Wenn diese Männer ohne Groll an einem Tisch sitzen können, wieso sollten die zerstrittenen Völker dieser Welt dazu – eines Tages – nicht auch in der Lage sein?

Diese Hoffnung klingt vielleicht weltfremd, aber sie ist die erste Voraussetzung einer jeden sinnvoll eingerichteten Gesellschaft, in der die Menschen als moralische Vernunftwesen gedeihlich zusammenleben können. Solange sie sich in erster Linie als Angehörige eines Staates oder Volkes sehen und deshalb vom Rest der Welt geschieden glauben, stehen sie stets mit einem Bein im Schützengraben und sind kurz davor, zum Objekt fremder Zwecke zu werden. Dabei gibt es so viel, für das es sich zu leben lohnt – und nichts, wofür man sterben sollte.

Anmerkungen

1 Sascha Lobo: «Der deutsche Lumpen-Pazifismus», online verfügbar unter: https://www.spiegel.de/netzwelt/netzpolitik/ukraine-krieg-der-deutsche-lumpen-pazifismus-kolumne-a-77ea2788-e80f-4a51-838f-591843da8356.

2 Vgl. ntv: «Campino würde heute dienen», online verfügbar unter: https://www.n-tv.de/leute/Campino-wuerde-heute-dienen-article 23332613.html.

3 Vgl. Zeit Online: «Jeder Zweite befürwortet laut Umfrage Wiedereinführung der Wehrpflicht», online verfügbar unter: https://www.zeit.de/politik/deutschland/2024-03/wehrpflicht-wiedereinfuehrung-umfrage-bundeswehr.

4 Vgl. ntv.de: «Nur eine Minderheit wäre bereit, mit der Waffe zu kämpfen», online verfügbar unter: https://www.n-tv.de/politik/Nur-eine-Minderheit-waere-bereit-mit-der-Waffe-zu-kaempfen-article 24784229.html; RedaktionsNetzwerk Deutschland: «Umfrage: Fünf Prozent der Deutschen würden im Kriegsfall freiwillig zur Waffe greifen», online verfügbar unter: https://www.rnd.de/politik/umfrage-jeder-zehnte-deutsche-im-angriffsfall-bereit-fuer-kriegsdienst-56W4FHFDUCDDDCBWUFTIVY2MVM.html.

5 Frank-Walter Steinmeier: «Pflichtzeit festigt die Demokratie», online verfügbar unter: https://www.bundespraesident.de/SharedDocs/Reden/DE/Frank-Walter-Steinmeier/Zeitungsbeitraege/2023/230526-FAZ-Soziale-Pflichtzeit.html.

6 Gerhard Schröder: «Rede von Bundeskanzler Gerhard Schröder vor dem World Economic Forum am 28. Januar 2005 in Davos», online verfügbar unter: https://www.bundesregierung.de/breg-de/service/newsletter-und-abos/bulletin/rede-von-bundeskanzler-gerhard-schroeder-792094.

7 Vgl. zum Thema Steuergerechtigkeit Norbert-Walter Borjans: *Steuern – Der große Bluff*, Köln: Kiepenheuer & Witsch 2018.

8 Vgl. Christian Baron: *Proleten, Pöbel, Parasiten. Warum die Linken die Arbeiter verachten*, Berlin: Das neue Berlin 2016.

9 Zur Zensur des Armuts- und Reichtumsberichts der Bundesregierung vgl. LobbyControl: «Armuts- und Reichtumsbericht: Bundesregierung zensiert unliebsame Studie», online verfügbar unter: https://www.lobbycontrol.de/reichtum-und-einfluss/armuts-und-reichtumsbericht-bundesregierung-zensiert-unliebsame-studie-27430/.

10 Karl Held / Theo Ebel: *Krieg und Frieden. Politische Ökonomie des Weltfriedens*, Frankfurt am Main: Suhrkamp 1983, S. 116.

11 Deutscher Bundestag: *Stenografischer Bericht. 19. Sitzung. Berlin, Sonntag, den 27. Februar 2022*, online verfügbar unter: https://dserver.bundestag.de/btp/20/20019.pdf, S. 1353.

12 Ebd., S. 1357 (Hervorhebung O. N.)

13 Vgl. Kiesewetters öffentliche Äußerung auf Twitter: https://x.com/RKiesewetter/status/1816467159733739843.

14 Vgl. Sara Nanni auf Twitter: https://x.com/SaraNanni/status/1816151841861783959.

15 Vgl. die bereits zitierten Plenarprotokolle, S. 1374, 1379 und 1384.

16 Erich Maria Remarque: *Im Westen nichts Neues*, Frankfurt am Main: Büchergilde Gutenberg 2022 [1929], S. 122.

17 Ebd., S. 80.

18 Ebd., S. 182.

19 Peter Rudolf: «Krieg», in: Dieter Nohlen / Rainer-Olaf Schultze (Hrsg.): *Lexikon der Politikwissenschaft. Band 1: A-M*, München: C. H. Beck 2005 [2002], S. 493 f., S. 494.

20 Gerhard Henke-Bockschatz: *Der Erste Weltkrieg. Eine kurze Geschichte*, Stuttgart: Reclam 2014, S. 11.

21 Erich Maria Remarque: *Im Westen nichts Neues*, a. a. O., S. 172.

22 Immanuel Kant: *Zum ewigen Frieden. Ein philosophischer Entwurf*, in: *Schriften zur Anthropologie, Geschichtsphilosophie, Politik und Pädagogik 1*, Werkausgabe Band XI, Frankfurt am Main: Suhrkamp 2019, S. 191–251, S. 198.

23 Bertolt Brecht: *Mutter Courage und ihre Kinder. Text und Kommentar*, Frankfurt am Main: Suhrkamp 2022, S. 40.

24 Gerhard Henke-Bockschatz: *Der Erste Weltkrieg*, a. a. O., S. 17.

25 Wladimir Iljitsch Lenin: *Der Imperialismus als höchstes Stadium des Kapitalismus. Gemeinverständlicher Abriss*, in: *Lenin-Werke. Band 22*, Ost-Berlin: Dietz Verlag 1971, S. 189–309, S. 194.

26 Vgl. Karl Marx: *Das Kapital. Kritik der politischen Ökonomie. Erster Band. Marx-Engels-Werke.* Band 23, Ost-Berlin: Dietz Verlag 1962, S. 654.

27 Wladimir Iljitsch Lenin: *Der Imperialismus*, a. a. O., S. 271.

28 Ebd., S. 278.

29 Ebd., S. 305.

30 Gerhard Henke-Bockschatz: *Der Erste Weltkrieg*, a. a. O., S. 18.

31 Theo Ebel et al.: «Dritter Griff zur Weltmacht?», in: Wolfgang Schneider / Boris Gröndahl (Hrsg.): *Was tun? Über Bedingungen und Möglichkeiten linker Politik und Gesellschaftskritik*, Hamburg: Konkret Verlag 1994, S. 53–85, S. 79.

32 Thomas Hobbes: *Leviathan*, Hamburg: Felix Meiner Verlag 1996, S. 104.

33 Friedrich Nietzsche: *Genealogie der Moral*, in: *Philosophische Werke in sechs Bänden*. Band 6, Hamburg: Felix Meiner Verlag 2013, S. 3–170, S. 80.

34 Charles Tilly: «Warmaking and Statemaking as Organized Crime. CRSO Working Paper No. 256», online verfügbar unter: https://deepblue.lib.umich.edu/bitstream/handle/2027.42/51028/256.pdf., S. 3 (Übersetzung O. N.).

35 Simone Weil: «Gedanken über den Krieg», in: *Krieg und Gewalt. Essays und Aufzeichnungen*, Zürich: diaphanes 2021, S. 7–19, S. 12.

36 Ebd., S. 13.

37 GegenStandpunkt: «Editorial», in: GegenStandpunkt 1–22, S. 5 f.

38 Bertolt Brecht: *Flüchtlingsgespräche*, in: *Gesammelte Werke in acht Bänden. Band VI. Prosa 2*, Frankfurt am Main: Suhrkamp 1967, S. 1381–1515, S. 1452 f.

39 Ernst Jünger: *In Stahlgewittern*, Stuttgart: Klett-Cotta 2014, S. 35.

40 GegenStandpunkt: «Das Neueste aus der Spaßgesellschaft. Die ‹Nationalstolz-Debatte›», online verfügbar unter: https://de.gegenstandpunkt.com/artikel/nationalstolz-debatte.

41 Tweet online verfügbar unter: https://x.com/Hoellenaufsicht/status/1502652471516225537.

42 ZDF Satire: «Lars Reichow singt über den Ukraine-Krieg und die Rolle der deutschen Regierung daran», online verfügbar unter: https://www.youtube.com/watch?v=TArsT_Eoow8.

43 Alfred Hackensberger: «‹So viele sind nicht zurückgekommen› – Wie Ukrainer sich vor der Armee verstecken», online verfügbar unter: https://www.welt.de/politik/ausland/article254413448/Ukraine-Wie-Ukrainer-sich-vor-der-Armee-verstecken.html.

44 Miriam Hollstein: «Bitte kein Eiertanz – wir brauchen wieder eine echte Wehrpflicht!», online verfügbar unter: https://www.stern.de/politik/kriegstuechtig--warum-wir-dringend-wieder-eine-wehrpflicht-brauchen-34792314.html.

45 Tagesspiegel: «Putins Kriegserklärung gegen die Ukraine im Wortlaut», online verfügbar unter: https://www.tagesspiegel.de/politik/putins-kriegserklarung-gegen-die-ukraine-im-wortlaut-5420614.html.

46 Wolodymyr Selenskyj: Rede vor der französischen Nationalversammlung, online verfügbar unter: https://www.president.gov.ua/en/news/ce-regime-russe-ne-reconnait-pas-de-limites-meme-leurope-ne-91369 (Übersetzung O. N.).

47 Sascha Lobo: «Der deutsche Lumpen-Pazifismus», a.a.O.

48 Bündnis 90 / Die Grünen: «Joschka Fischer auf dem Kosovo-Sonderparteitag in Bielefeld 1999», online verfügbar unter: https://www.youtube.com/watch?v=7jsKCOTM4Ms.

49 Rolf Gutte / Freerk Huisken: *Alles bewältigt, nichts begriffen! Nationalsozialismus im Unterricht. Eine Kritik der antifaschistischen Erziehung*, Hamburg: VSA-Verlag 2007, S. 39.

50 Siehe die bereits zitierten Plenarprotokolle, S. 1350.

51 Tagesschau: «Bundesparteitag der Grünen: Baerbock verteidigt Waffenlieferungen – Zustimmung für Habecks Atompläne», online verfügbar unter: https://www.youtube.com/watch?v=V9mptt_jU9I.

52 Bündnis Sahra Wagenknecht: *Unser Gründungsmanifest*, online verfügbar unter: https://buendnis-sahra-wagenknecht.de/wp-content/themes/bsw/assets/files/BSW_Gruendungsmanifest.pdf, S. 3.

53 Kathrin Braun / Marcus Mäckler: «Ex-Nato-General Stoltenberg im Interview: ‹Putins Sieg wäre das größte Welt-Risiko›», online verfügbar unter: https://www.merkur.de/politik/stoltenberg-interview-muenchen-putin-sieg-risiko-ukraine-krieg-solidaritaet-siko-nato-93374743.html.

54 Norman Paech: «Vom ewigen Krieg: Wozu taugt das Völkerrecht?», online verfügbar unter: https://www.blaetter.de/ausgabe/2015/mai/vom-ewigen-krieg-wozu-taugt-das-voelkerrecht.

55 Georg Wilhelm Friedrich Hegel: *Grundlinien der Philosophie des Rechts*, Hamburg: Felix Meiner Verlag 2017, S. 324.

56 The Independent: «George Bush bungles speech condemning Putin invasion with Iraq reference», online verfügbar unter: https://www.youtube.com/watch?v=s1kwq52NKmo.

57 Renate Dillmann: *Medien. Macht. Meinung. Auf dem Weg in die Kriegstüchtigkeit*, Köln: PapyRossa Verlag 2024, S. 9.

58 Bertolt Brecht: *Flüchtlingsgespräche*, a. a. O., S. 1430 f.

59 Karl Marx / Friedrich Engels: *Manifest der Kommunistischen Partei*, in: *Marx-Engels-Werke*. Band 4, Ost-Berlin: Dietz Verlag 1977, S. 457–493, S. 479.

60 Ole Nymoen: «Ich, für Deutschland kämpfen? Never!», online verfügbar unter: https://www.zeit.de/2024/32/wehrpflicht-deutschland-kaempfen-junge-menschen-bundeswehr.

61 Peter Decker (Hrsg.): *Demokratie. Die perfekte Form bürgerlicher Herrschaft*, München: GegenStandpunkt Verlag 2013, S. 184.

62 *Grundgesetz für die Bundesrepublik Deutschland*, online verfügbar unter: https://www.gesetze-im-internet.de/gg/BJNR000010949.html.

63 Sabine Nuss: *Wessen Freiheit, welche Gleichheit? Das Versprechen einer anderen Vergesellschaftung*, Berlin: Karl Dietz Verlag 2024, S. 17.

64 Karl Marx: *Randglossen zum Programm der deutschen Arbeiterpartei*, in: *Marx-Engels-Werke*. Band 19, Ost-Berlin: Dietz Verlag 1987, S. 15–32, S. 21.

65 Slavenka Drakulić: *Keiner war dabei. Kriegsverbrechen auf dem Balkan vor Gericht*, Wien: Paul Zsolnay Verlag 2004, S. 196.

Dank

Mein erster Dank gilt denjenigen, die dieses Buch möglich gemacht haben:

Am Anfang dieses Projekts standen die zuständigen Redakteurinnen der *Zeit*, die mich dazu angeregt haben, den viel diskutierten Artikel zu veröffentlichen.

Frank Pöhlmann vom Rowohlt Verlag hat mich dann innerhalb von vierundzwanzig Stunden kontaktiert und vorgeschlagen, meine Position detaillierter auszuführen. Als Lektor hat er das Buch gewissenhaft betreut und mir einige Präzisierungen abverlangt.

Ich danke meinen Freunden Moritz Tassow, Georg Martin und Dr. Mariana Schütt für Lesehinweise und Gespräche.

Auch danke ich Caro, die einen klugen Gedanken für das Buch mit mir geteilt hat – ich habe ihn bloß leider wieder vergessen.

Ich danke meinem Podcast-Kollegen, täglichen Gesprächspartner und Freund Wolfgang M. Schmitt, mit dem ich überhaupt erst in die Öffentlichkeit getreten bin.

Und ich danke meiner Familie – ganz besonders Kira, die mir den Wahnsinn um mich herum stets angenehm macht.

© Mark Büschel

Ole Nymoen ist freier Journalist, Podcaster und Buchautor. In dem Podcast *Wohlstand für Alle* spricht er mit Wolfgang M. Schmitt seit 2019 über Geld sowie über ökonomische Ideengeschichte und politische Ökonomie. 2021 veröffentlichte er gemeinsam mit Schmitt das Buch *Influencer. Die Ideologie der Werbekörper*, das ein großes Presseecho hervorrief und zum *Spiegel*-Bestseller wurde.